KENNY LUCK

SONHE

O PLANO DE DEUS PARA SUA VIDA COMEÇA DENTRO DE VOCÊ

Traduzido por EMIRSON JUSTINO

MC
mundocristão
São Paulo

Os textos das referências bíblicas foram extraídos da *Nova Versão Internacional* (NVI), da Sociedade Bíblica Internacional, salvo indicação específica.

Dados Internacionais de Catalogação na Publicação (CIP)
(Câmara Brasileira do Livro, SP, Brasil)

Luck, Kenny
Sonhe : o plano de Deus para sua vida começa dentro de você / Kenny Luck ; traduzido por Emirson Justino. — São Paulo: Mundo Cristão, 2012.

Título original: Dream : Have You Caught God's Vision?
Bibliografia.

1. Deus - Amor 2. Deus - Vontade 3. Revelação I. Título.

11-12848 CDD-231.74

Índices para catálogo sistemático:
1. Deus : Voz : Revelação : Teologia cristã 231.74
2. Voz de Deus : Revelação : Teologia cristã 231.74
Categoria: Autoajuda

Publicado no Brasil com todos os direitos reservados por:
Editora Mundo Cristão
Rua Antônio Carlos Tacconi, 79, São Paulo, SP, Brasil, CEP 04810-020
Telefone: (11) 2127-4147
Home page: www.mundocristao.com.br

1ª edição: fevereiro de 2012

Este livro é dedicado à doce memória do primeiro-tenente William E. Luck e de Delfina Carbulido Luck, que deixaram nossa família para desfrutar do sonho e estão no céu torcendo por seus filhos.

Sumário

Prefácio

Nenhum homem *gosta* do arrependimento.

É por isso que trabalhamos com tanto empenho para que nossa vida tenha sentido. Queremos contribuir, ser importantes. Às vezes é possível sentir o chamado. Mas o nosso problema — o problema que vejo com frequência nos homens — é que quando levamos a sério a questão do nosso legado, as maneiras pelas quais procuramos alcançá-lo são superficiais, com ênfase demais no desempenho. Então, quando surge o inevitável fracasso, o que nos resta é exatamente aquilo que não queríamos: o arrependimento.

Sou muito ruim nisso. Agarro aquilo que parece bom no momento, jogo fora a visão que eu realmente queria e só depois percebo o que fiz. Recentemente, comecei a pensar se esse padrão é um reflexo de mim mesmo e do meu próprio desejo de ser importante ou se é um problema mais amplo. Afinal de contas, nossa cultura midiática de gratificação instantânea convence muitos de nós a trocar nossos sonhos pelo que é vistoso e moderno. Mas quando considero quanto tento fugir do arrependimento e do egoísmo e em que momentos me concentro naquilo que é importante de verdade na vida, percebo que estou em busca de uma visão que é puramente minha. E, para fazer isso, preciso do foco correto aliado às disciplinas corretas, de modo a sustentar minha motivação e me fazer seguir na direção certa.

Ah, já mencionei que a jornada não pode ser chata?

Sou uma lebre que precisa pensar como uma tartaruga. A lebre vai sair à toda e perder. A tartaruga vai concluir a corrida. Mas essa velha tartaruga simplesmente não me chama a atenção. Não é legal vê-la. Ora, ela de fato tem um plano e vai fazer com que ele funcione. E eu a admiro — adoraria ter esse caráter firme e resoluto — mas não é esse o tipo de sonho para mim. Eu precisaria de múltiplas corridas para prosseguir por tanto tempo, pois, como a lebre, estou sempre atrás do próximo objetivo, e do próximo e do outro depois daquele.

Mas e se houvesse um jeito de fundir o caráter da tartaruga com a paixão da lebre? Quem você acha que venceria a corrida? Quero que a busca apaixonada da maior visão para a minha vida seja carregada de excitação, mas também quero construir uma base sólida. E, como uma lebre, preciso de um plano que me impeça de cair fora uma volta antes da linha de chegada.

Todos nós experimentamos obstáculos em nosso sonho de importância, de ser e fazer algo grande. É quase uma luta universal encontrar o sonho, permanecer com ele e expressar essa paixão das maneiras corretas. Assim, aqui está, neste livro, o plano pessoal que desenvolvi para uma vida significativa de verdade.

Mas deixe-me dizer uma coisa logo de cara: fiquei envergonhado quando encontrei a resposta. Já a havia perdido antes — e ela estava ali o tempo todo! Sabe quando você fica procurando as chaves pela casa inteira e, de repente, olha para sua mão e vê que elas estão ali? Esta solução teve esse tipo de simplicidade chocante para mim, o tipo que revela o plano de Deus tão perfeitamente.

Se começar a aplicar esse plano, creio que você sozinho fará algumas descobertas chocantes. Sinta-se livre para me contar suas ideias. Adoraria ouvi-las.

Sonhando grande junto com você,

KENNY LUCK
Fundador do Every Man Ministries
Pastor de homens da Igreja Saddleback

1

Os óculos de Deus

É imperativo que saibamos o que significa ver, ouvir e discernir as coisas do mundo ao qual verdadeiramente pertencemos.
MARK CHIRONNA

Estão todos olhando para mim.

A peruca de Lori está torta. Ela tem um filho de 9 anos e está perdendo a batalha para um câncer cervical. A sua esquerda está Paul. Ele tem câncer no pâncreas e sua esposa Evelyn perderá o parceiro de 47 anos daqui algumas poucas semanas. À esquerda dele está Beth. Ela acabou de fazer uma mastectomia, perdeu o seio esquerdo e está começando as sessões de quimioterapia. Seu primeiro concerto solo agendado no Kennedy Center foi cancelado. A situação do outro lado da sala não é muito melhor. O abdome de Bill está inchado e ele aparenta estar tão fisicamente desconfortável quanto a esposa. O casal não possui sequer o conforto de um diagnóstico. À esquerda deles estão Maya e William. Acabaram de receber um resultado positivo de uma biópsia e sua expressão é a de terem sofrido um atropelamento emocional: olhos vazios, fixos nos azulejos manchados, nenhum sinal de vida. Sentado ao lado deles está Mike. A bandagem na cabeça não consegue esconder o enorme sulco deixado pela cirurgia que removeu um glioblastoma de seu cérebro. Ao vê-lo, não consigo deixar de pensar que ele está no fim. Seu câncer não é do tipo ao qual se sobrevive. Seu queixo está grudado no peito e não consigo ver sua face. A nova cadeira de rodas faz com que ele fique encurvado. Não posso dizer se hoje ele está bem ou não.

Por outro lado, Michelle está com ótima aparência. Perfeita exteriormente, encontra-se ao lado de suas duas amigas perfeitas. O mundo perfeito delas, as unhas perfeitas e a maquiagem perfeita sugerem que tudo está muito bem. Mas o interior de Michelle contrasta com o exterior. Loira e linda por fora, belicosa e amarga por dentro. Ela está perdendo a luta para um agressivo câncer de mama. A viagem ao Japão para explorar terapias experimentais foi um fracasso, e ela está de volta ao nosso grupo em Orange County. Nesta noite, nesta sala, o grande C está levando a melhor sobre OC.[1]

> Ao vê-lo, não consigo deixar de pensar que ele está no fim.

Ah, eu já falei? Estão todos olhando para mim.

O ano era 1993 e eu tinha 29 anos. Frequentava o seminário, trabalhava em tempo integral e era minha vez de dar atendimento pastoral numa unidade de oncologia. Uma noite por semana nos encontrávamos no subsolo do Western Medical Center, em Anaheim, com cerca de trinta pacientes de câncer e seus familiares ou amigos. Descrever aquele momento como um instante decisivo é fazer pouco dessa época da minha vida, mas expressa o *éthos* daquele ano no qual meu mundo foi lindamente arruinado por Deus. Foi um ano de primeiros encontros com a realidade:

- Primeira vez que tive medo de ir trabalhar.
- Primeiro trabalho no qual a mortalidade era uma realidade diária.
- Primeira ligação contínua com o câncer e suas vítimas.

- Primeiro encontro com o desespero real e a morte iminente.
- Primeira exposição a emoções "inconsertáveis".
- Primeira grande crise de fé.
- Primeiro funeral.
- Primeira vez que tive uma visão clara da vida e do céu.

O que eu *entendi* pela primeira vez?

- Não controlo nada.
- O trauma dissolve o trivial.
- Os relacionamentos definem as riquezas.
- O desconforto pessoal leva a descobertas.
- A realidade, ainda que dolorosa, é o lugar onde encontramos a eternidade.
- A visão que Deus tem para mim é diferente da minha visão.
- A pobreza física produz clareza espiritual.

Um grupo de apoio a pacientes com câncer foi o agente de Deus para um novo significado e um novo propósito para minha vida. Não gostei da escolha de Deus, mas ele não se importou. Ele me deixou usar seus óculos. Ele decidiu qual era o tipo de realidade que eu precisava encarar com clareza para que pudesse enxergá-lo e, durante esse processo, enxergar a mim mesmo. Vi que Kenny gosta de limpeza, pureza e arrumação. Prefere o confortável e o previsível, como qualquer bom filho adulto de um alcoólico. Vi um homem que fica maluco e quer correr quando o ambiente fica emocionalmente negativo ou sai de seu controle. Deus me mostrou como prefiro que o foco esteja em alguma outra pessoa que precisa de ajuda. Não gosto de me sentir impotente. Destacou minha afeição por resultados exteriores, números e sucessos regulares que possam ser quantificados. Ele me levou a enfrentar minha tendência de reescrever a realidade para fazer com que as pessoas se sintam bem. Destacou como eu queria ensinar mais do que ser ensinado — a ser a solução de alguém em vez de trabalhar uma questão. Gosto de receitas que curam e resolvem, não de processos que terminam mal ou, Deus me livre, que permanecem sem resolução.

Deus me mostrou que é possível desejar tanto o céu a ponto de não deixar espaço para as emoções e problemas reais da terra. Ele me mostrou quanto eu gosto da minha versão de servir a Deus e de ser um homem de Deus. Mas a minha versão não estava funcionando para ele. Foi um momento de Lousa Mágica, aquele brinquedo com uma tela e dois botões que você usa para desenhar o que quiser. Se quiser apagar, é só virar o brinquedo de cabeça para baixo. Foi o que aconteceu comigo. Virei minha tela para baixo e apaguei a imagem que estava ali. Não queria começar do zero, mas foi o que aconteceu.

Está feliz porque aconteceu comigo, e não com você? Calma lá. Você vai precisar lutar também. Deus quer apagar o que você desenhou em sua Lousa Mágica e, no lugar, desenhar o que ele sonhou para você.

Vai permitir que ele faça isso?

O grande carvalho

Lá no meu pedaço, a estrada Live Oak Canyon é famosa. Famosa por suas curvas acentuadas. Famosa pelos grandes e lindos carvalhos centenários que cobrem sua impressionante descida até Cook's Corner. Famosa por seus ranchos de cavalos e uma churrascaria. Nos finais de semana, fica lotada de fãs da Harley-Davidson e de carros também. Aquela estrada é tudo de bom. Ela o convida a abrir as janelas do carro, colocar sua música preferida para tocar e pisar no acelerador. Os viajantes nunca se esquecem daquele pequeno pedaço de céu, e os campistas a conhecem como a entrada para o Parque Regional O'Neil.

Mas você pode começar a notar outras coisas por ali, coisas que revelam outro lado da personalidade da estrada de Live Oak Canyon. Pequenas cruzes e buquês de flores enfeitam algumas das árvores maiores. Ranhuras anormais marcam outras. Em determinados dias, é possível ver pessoas em pé, lado a lado, olhando para algumas das árvores maiores ou orando ao lado delas. E, em outros dias, você consegue ver um carro da polícia na estrada, um guarda o orientando a dar meia-volta. Houve outra fatalidade.

A estrada de Live Oak Canyon é famosa por muitas coisas, e uma delas é a morte.

A estrada de Live Oak Canyon é famosa por muitas coisas, e uma delas é a morte.

A verdade brutal por trás da beleza dessa estrada é a invencibilidade dos carvalhos. O carvalho é muito forte e não se curva diante de homem nenhum.

Meu vizinho Gary me empresta sua Harley reserva, uma Road King, e descemos a estrada de Live Oak Canyon. Sinto-me livre, poderoso com o controle do acelerador, mais confiante a cada mudança de marcha. Ganho velocidade, controle e conforto à medida que alcanço a velocidade de cruzeiro.[2] Contudo, há uma sensação de que o perigo está a apenas um descuido de distância, e minha acuidade em relação ao que me rodeia aumenta. Presto atenção especialmente nos carvalhos. É uma combinação esquisita, mas necessária, se quero desfrutar desse passeio. Tenho de respeitar os carvalhos. Preciso ter certeza disso. Fico pensando se todos aqueles que morreram naquela estrada sentiram a mesma coisa antes de algo sair horrivelmente errado. Júbilo, e depois, devastação. É preciso estar alerta e ser respeitoso enquanto desfruta da beleza.

A estrada de Live Oak Canyon é o sonho de ser um homem de Deus. É tão convidativa, tão atraente. É bela e desafiadora. Também é muito perigosa quando você toma liberdades demais, olha a paisagem por muito tempo ou começa a achar que já sabe tudo. Não é difícil perder-se em seus cruzamentos. É fácil sair da estrada. Pneus novos podem gerar confiança excessiva. É tentador alcançar mais velocidade quando o que importa é a cautela.

É fácil achar que já sabe tudo sobre esse caminho.

E quando ele parece familiar, adivinhe só: um milhão de pedacinhos pelos ares.

A visão de Deus para você é sólida, invencível e está por aí há bastante tempo. É um carvalho. Não pode ser interrompida. Somente a arrogância ou a ignorância se aventurariam a tirá-la do lugar, trapaceá-la ou ignorá-la. Ainda assim, é o que fazemos. Ousamos planejar o que nos tornaremos nela. Corremos atrás de nossas fantasias em detrimento da visão que Deus escolheu. Prevemos e moldamos a vida a nossa própria imagem. Reestruturamos a nós mesmos para alcançar aceitação cultural. Projetamos nossos sonhos em torno das nossas próprias inseguranças e tendências disfuncionais.

E aí acontece um erro fatal: pegamos o plano de Deus para nossa vida e o transformamos em algo a ser conquistado. Sentamos no banco do motorista e assumimos o volante. Fico pensando no que Deus pensa de toda nossa presunção, de nossa engenharia em relação ao plano dele para nossa vida.

O sonho que temos para nós não é natural. Não é o sonho de Deus para nós. Deus nos diz em inúmeros lugares e de inúmeras maneiras: "Minha versão do seu futuro não é a sua versão. Seus sonhos não são os meus. Seus caminhos não são os meus caminhos. Suas estradas não são as minhas". Se a salvação não é um resultado daquilo que fazemos, então por que pensamos que a visão de Deus de grandeza humana dependeria de nossas proezas?

O sonho de Deus para nós não é algo que perseguimos; é algo que nos tornamos.

Deus corrigiu Samuel quando este começou a procurar um homem de Deus entre os filhos de Jessé: “Não considere sua aparência nem sua altura, pois eu o rejeitei. O Senhor não vê como o homem: o homem vê a aparência, mas o Senhor vê o coração” (1Sm 16.7). O sonho de Deus para sua vida não é externo, planejado para impressionar. Não é interno, como um valor ou um propósito. Não é sequer uma disciplina espiritual ou um conjunto de crenças. O sonho de Deus para você é uma visão de grandeza vinda do céu, uma imagem de um homem de Deus construída com base no Deus-homem.

O sonho de Deus para nós não é algo que perseguimos; é algo que nos tornamos.

Você sabia disso e o sentia dentro de si desde que era um menino pequeno. É hora de todos nós recuperarmos aquela sensação.

O vulcão adormecido

Vejo um vulcão em meu filho Ryan, de 11 anos.

Ele está adormecido num minuto e, no minuto seguinte, explode e lança magma. Parece algo aleatório. De repente, ele fala algo do tipo: “Não seria ótimo se nosso carro pudesse voar como um avião *e* como um helicóptero?”. Seus rompantes de criatividade não têm medo de desafiar a física moderna. Eles o libertam das realidades da terra que são entediantes, inconvenientes ou presas a regras. Ele está pensando: “Só me deem um pouco de tecnologia e um controle do Xbox e vou levar a gente para casa do jeito do Ryan”.

Gosto muito desses momentos criativos e dessas visões. Não porque sejam impraticáveis, mas porque, num sentido mais masculino, elas dão prazer. Elas excitam. Elas resolvem problemas. Elas desafiam a lógica simples. Elas libertam. Elas satisfazem. E todas essas visões dentro daquele cérebro jovem são como as suas — antes de terem sido sepultadas. O denominador comum das visões de Ryan é que, se elas fossem realidade, resultariam num suspiro profundo. Uma experiência sensorial inesquecível. Como brincar na terra.

Quando a vida não vai bem, queremos uma vida melhor. Caramba, queremos mais, mesmo quando a vida parece perfeita. Admita! Sentimos aquele desejo de rearranjar a realidade, de experimentar a liberdade, de satisfazer desejos profundos. Veja o Ryan. É por isso que ele solta esse tipo de coisa. São sonhos explosivos — pensamentos não organizados, sensações e imagens que precisam ser libertas. Vêm lá do fundo, fervendo e borbulhando por baixo da superfície, empurrados para cima por um magma misterioso a fim de remoldar nossa realidade.

Olhe para si mesmo e para os homens ao seu redor e pense: "Kilahuea". Kilahuea é o mais ativo vulcão produtor de lava do mundo. Ele estava adormecido, lá no Havaí. Começou a explodir em 1953, e depois, em 1983. Não parou de lançar lava desde então, segundo o Serviço Geológico dos Estados Unidos. Todos os homens são Kilahuea, explodindo sonhos e visões alaranjados que desafiarão a realidade e sacudirão o ambiente para sempre. O magma de alguns homens encontra-se perto da superfície. Em outros, está sepultado bem fundo. Mas não se engane — está lá, está vivo e foi colocado ali por Deus. Esse magma é chamado eternidade. É chamado de imagem de Deus. Você foi feito para sonhar visões criativas, pois foi criado para ir além.

> ***Sonhando***
> *Você foi feito para sonhar visões criativas, pois foi criado para ir além.*

Você não precisa se contentar com menos ou sentir-se mal por querer transcender a realidade. Você é o garoto do Papai, criado para ser grande como ele.

Entre a realidade e a glória

Contudo, há mais coisas nessa visão criativa natural do que simplesmente desafiar a realidade. O verdadeiro motivador é tornar-se um agente de grandeza. Os meios são secundários. Converse com Ryan — o carro-avião-helicóptero é apenas o veículo. *Ele* é o piloto que vai colocar-se para fora dessa aeronave revolucionária, tirar o capacete e acenar para a multidão. Quando os meninos brincam, tudo tem a ver com glória. Volte por um instante para a época em que você tinha 10 anos. Eu tinha um álbum cheio de fotos recortadas de edições antigas da revista *Sports Illustrated*. Imagens de homens no meio da glória, atacantes se livrando de zagueiros, ponteiros desafiando a gravidade para receber um passe, duas fileiras de atacantes prestes a ir para a guerra e marcar um gol. O que todos aqueles homens buscavam? Glória. Vá até a página seguinte. A mesma coisa. É o museu de sonhos pessoais de um menino: sujeitos extraordinários fazendo algo grande que os coloca em lugares onde reside a glória. Na minha mente, algum dia eu estaria numa daquelas fotos!

Então, o que aconteceu com aquelas fotografias? Bem, elas foram mudadas.

Ou talvez tenham sido substituídas.

Não sei exatamente quando aconteceu, mas o tempo não foi amigo das minhas primeiras visões de grandeza. Eu tive de crescer. Todos nós tivemos. Enquanto isso acontecia, nossas visões de glória foram atenuadas e se transformaram, de modo a refletir as realidades da vida. O tempo nem sempre esteve do seu lado. Os eventos da vida entraram no caminho — divórcio, morte, desapontamento, padrões irracionais. Começamos a perder esperança. A solidão dividiu nossa lealdade e desintegrou nossa fé nos relacionamentos reais.

As visões puras e ideais desapareceram e foram substituídas por inseguranças e temores que não levaram a sonhos, mas a fantasias que suavizaram nossas feridas. A fuga e o alívio relegaram a grandeza a uma simples sobrevivência. A glória simplesmente deixou de ser realidade.

A realidade venceu. A glória se perdeu.

Essa guerra entre a realidade e a glória acontece em ciclos por toda a vida. O magma de nossos sonhos abre caminho vulcão acima mais uma vez. Existem algumas fagulhas. Sair para cursar a faculdade. Formatura. Carreira. Promoções. Todas as visões em direção à glória. Então, a realidade abre caminho, remolda as coisas e bloqueia nossa passagem rumo à glória verdadeira. Nossa visão é bloqueada por uma perda. Estamos nos minutos finais e precisamos entregar a bola. A energia acaba. A gravidade vence. A terra nos puxa para baixo. Podemos ter ouvido os rumores, mas nunca vimos o magma laranja brilhante, o impressionante poder que planejáramos ver. Ele estancou. Pense no verbo *estancar*. Entende o que quero dizer? Não fico feliz quando meus sonhos estancam. Quais sonhos?

- Ser grande.
- Fazer grandes coisas.
- Vencer batalhas.
- Mudar vidas.
- Contribuir.
- Manter a integridade.
- Doar com generosidade.
- Influenciar homens.

- Ser bom.
- Sair-me bem sob pressão.
- Ser bem-sucedido.
- Grandes relacionamentos.
- Um legado para Deus.
- Destruir gigantes.
- Colocar-me acima das circunstâncias.
- Vencer medos.

Aí estão. Esses sonhos são a substância do meu magma. Quando não sou o homem que deveria ser, desejo ser esse homem, o homem que eu tenho de ser. Quando não faço as coisas que deveria fazer, desejo agir de maneira diferente para que possa ser vencedor na vida. Quero fazer todas essas grandes coisas, mas como posso fazê-las diante de todas as minhas limitações? Precisaria viver em algum outro lugar. Possuir uma posição diferente na vida para realizar esse tipo de coisa! Tornar-me outra pessoa.

A realidade diz que 5% da vida são extremamente satisfatórios. Outros 5% são extremamente desapontadores. O restante — os outros 90% — são apenas a vida, puro feijão com arroz. O sonho para mim e a glória que o acompanha residem em algum outro lugar, em alguma outra vida, em um ponto longe da vida feijão com arroz. Está em algum lugar lá fora, para os poucos escolhidos e superespirituais.

> ***Sonhando***
> *Está lá fora. Na África, talvez. Ou será que não?*

Na África, talvez.

Então, uma vozinha sussurra: "Ou será que não?".

É nessa hora que preciso de Ryan. Preciso lembrar-me do que significa sonhar e ter uma visão simples que possa transformar, animar e satisfazer. Preciso dizer de repente, sem pensar: "Não seria ótimo se minha realidade comum fosse o caminho para a glória? E se essa vida pudesse fazer com que meus sonhos de ser grande se tornassem realidade? E se essa vida comum pudesse alcançar a glória a todo instante?". Sim, todo instante! É por isso que ela é chamada de sonho. E podemos realizá-lo se tivermos a coragem de encará-lo e permitir que Deus transforme aquilo que é comum.

Pronto para sonhar de novo, Kilahuea?

> Peço que o Deus de nosso Senhor Jesus Cristo, o glorioso Pai, lhes dê espírito de sabedoria e de revelação, no pleno conhecimento dele. Oro também para que os olhos do coração de vocês sejam iluminados, a fim de que vocês conheçam a esperança para a qual ele os chamou, as riquezas da gloriosa herança dele nos santos e a incomparável grandeza do seu poder para conosco, os que cremos.
>
> Efésios 1.17-19

O sonho de Deus para você não é uma questão de disponibilidade ou proximidade; é uma questão de conexão e consciência. Ele já está ali, disponível para ser pego! Se o apóstolo Paulo fosse um rapaz da praia como eu, poderíamos ler algo assim: "Peço a Deus que lance seu sonho como um tsunami e que faça explodir o poder dele dentro de você".

O sonho de ser grande e de fazer coisas grandes foi colocado ali por Deus. Não se envergonhe dele; abrace-o em Cristo! É hora de uma visão nova de quem ele deseja que você seja. É hora de buscar a glória que é de seu direito, exatamente no lugar onde você se encontra. Abrace os cinco princípios **Sonhe** para todo homem de Deus:

- SUBMETA-SE à decisão de Deus para você.
- OBEDEÇA ao processo de Deus.
- NEGUE sua visão em favor da visão de Deus.
- HABITE na glória de sua realidade.
- EXPANDA suas fronteiras num crescimento contínuo.

Submeta-se à decisão de Deus para você

O homem de Deus deixa Deus decidir qual é o sonho. Quando trabalhava naquela unidade oncológica, o sonho de Deus para mim se parecia com uma receita:

- 1 xícara de trabalho no hospital.
- 1 punhado de cânceres diversos.
- 3 colheres de sopa de realidades irremediáveis.
- 1 grande crise de fé (descascada).
- 1 tonelada de emoções negativas e de perdas.
- Adicione dúvida e mexa bastante.
- Cozinhe a 350ºC por um ano.
- Tire e sirva com torta de humildade.

No minuto em que eu começar a deixar que os sentimentos, a cultura ou as outras pessoas decidam o que vai definir o meu sonho, estou queimado como homem de Deus. Jesus é nosso Mestre Cozinheiro nesse assunto. "Meu Pai, se for possível, afasta de mim este *cálice*; contudo, não seja como eu quero, mas sim como tu queres" (Mt 26.39, grifo do autor). Jesus deixou que seu Pai decidisse qual seria o sonho para ele na terra. O sonho não dependia das circunstâncias, dos direitos, dos pais, dos amigos, dos críticos ou dos sentimentos de Jesus. Não é surpresa que o sonho exato que Deus tem para você siga o molde de seu Filho: "Pois aqueles que de antemão conheceu, também os predestinou para serem conformes à imagem de seu Filho, a fim de que ele seja o primogênito entre muitos irmãos" (Rm 8.29). Esse tem sido o plano para cada homem de Deus já nascido, e esse é o processo no qual todos estamos envolvidos: sermos como nosso irmão primogênito, Jesus. Definiremos os alvos específicos mais tarde, mas, por ora, submeta-se à decisão de Deus sobre o que vai na receita do sonho que ele tem para você.

Obedeça ao processo de Deus

Deus não é muito voltado ao produto. Isso é dureza para a maioria, e me incluo nessa. Gostamos de ver aquilo que fizemos. O *coach* Walt Henrichsen coloca a questão da seguinte maneira:

> O interesse de Deus está mais no seu grau de envolvimento no processo de aplicação do que no seu nível de santidade. Se você é novo em Cristo, com uma grande quantidade do eu carnal ainda presente em sua vida, mas busca ardentemente fazer a vontade de Deus, então você está agradando a Deus. Se você já conhece a Cristo há anos, mas deixou de procurar crescer em Cristo através do processo de aplicação, então você não está agradando a Deus.[3]

Entregar-se a um processo não é um dom masculino. De fato, a Bíblia está repleta de histórias de líderes que correram na frente de Deus porque foram impacientes. E pagaram o preço por isso. Homens de fé, do passado e do presente, se identificam com o provérbio: "Há caminho que parece certo ao homem, mas no final conduz à morte" (Pv 14.12). Quando o momento e os meios não são o que gostaríamos, ou quando os resultados parecem injustos ou inaceitáveis, nossa tendência é lutar contra o processo. Lutar contra um processo injusto não é ruim. Lutar contra o processo que Deus usa para torná-lo o homem que ele deseja que você seja é desastroso. Evitar essa saída exige coragem e uma convicção de que Deus é mais capaz de decidir o que é necessário e melhor para você num determinado momento. O sonho de Deus de moldá-lo segundo a imagem de Cristo envolverá desconforto, conflito, perda e dor. Venha comigo.

Por muitos anos, treinei-me a prevenir, desviar-me ou negar entrada a essas oportunidades de crescimento em minha vida e, junto com isso, terminei perdendo também o processo de Deus. No final, porque me amava, Deus colocou-me num beco sem saída através das circunstâncias até que a dor suplantasse meu medo. Ele me imobilizou. Por muitas vezes, desejei que tivesse feito a coisa difícil e me envolvido no conflito ou no processo mais cedo. Deveria ter confiado no trabalho de Deus em vez de cair fora e evitá-lo. Gostaria de ter agido voluntariamente em vez de ter esperado para me submeter. Você pode estar na mesma situação neste exato momento. Se você se render e fizer exatamente aquilo que não sente vontade de fazer, então ficará feliz por ter agido assim.

> ***Sonhando***
> *O sonho de Deus envolverá desconforto, conflito, perda e dor.*

Vamos esclarecer isso um pouco mais à frente. Por ora, lembre-se apenas disto: nada acontece a você a não ser que venha de Deus. E se acontece dessa maneira, acontece porque existe um propósito: fazer com que você seja como Cristo.

Negue sua visão em favor da visão de Deus

Alguns homens imaginaram que sua vida seria de uma certa maneira, mas aqueles planos desmoronaram. Alguns desses rapazes se sentiram enganados e ficaram irritados porque supostamente deveriam realizar a visão do pai de cada um deles.

Sentiram-se controlados e privados da oportunidade de escolher. Muitos homens foram feridos tão seriamente por seus pais que, como resposta, decidiram buscar a visão oposta. Ressentir-se ou tentar agradar os pais que causaram feridas só levou à ira, e terminaram se tornando semelhantes a eles. Outros foram treinados pela tradição. Papai e mamãe lhes ensinaram que a vida deveria ser de uma determinada maneira, e foi exatamente aquilo que eles passaram a ser. A tradição triunfa sobre o indivíduo. Mas essa não é a vida do homem; é a vida de seus pais. Há outros homens, ainda, que construíram sua vida para refletir diretamente suas inseguranças e temores masculinos. Esses indivíduos se apegam a definições culturais de sucesso, acumulando prazer, poder ou posses para obter o que não puderam encontrar em seus primeiros relacionamentos.

Esse tipo de vida quase sempre fragmenta os relacionamentos e deixa os homens famintos por intimidade e conexão. Em cada um desses casos, o sonho conduz a um fardo emocional, relacional e espiritual. São os falsos sonhos que envolvem busca, desejo e esperança. Eles não têm semelhança com Cristo. São vazios e carecem de poder espiritual, pois são fantasias feitas pelos homens, não sonhos criados por Deus.

Se você é um homem de Deus, o contrato entre vocês diz o seguinte:

> De agora em diante, a ninguém mais consideramos do ponto de vista humano. Ainda que antes tenhamos considerado Cristo dessa forma, agora já não o consideramos assim. Portanto, se alguém está em Cristo, é nova criação. As coisas antigas já passaram; eis que surgiram coisas novas!
>
> 2Coríntios 5.16-17

Isso significa que:

- As versões de grandeza criadas pelo homem devem ser abandonadas.
- A visão "em Cristo" exclui mutuamente as visões mundanas de autosserviço.
- A autopreservação e a segurança devem deixar de ser uma visão — você não pode ser sua própria causa se é um homem de Deus.
- Não se trata apenas de uma nova onda de comportamento, mas de novas ondas de pensamento e crença que nunca cessam. Deus não para de criar o novo você. É algo contínuo e dinâmico.
- A semelhança a Cristo se torna tudo.

Negue todas as visões em favor da visão de Deus — a que está em Cristo.

Habite na glória de sua realidade

Sua realidade é a glória de Deus. Tudo o que acontece em sua vida — especialmente o que você quer manter em segredo — é um ingrediente na grandeza de Deus. Talvez você esteja pensando: "Não quero que Deus use aquilo!". A resposta de Deus é: "É exatamente aquilo que desejo usar". Deus está ansioso para usar a vida de agora, não a versão desinfetada. Para dar combustível ao sonho, ele prefere esforço, e não força. Um dá glória a Deus, o outro dá glória a você. É, são as manchas no leproso e seu desamparo que animam a Deus e colocam aquele que está puro numa situação de vergonha. Você tem alguns pontos manchando a epiderme de sua vida neste momento? Arranjou manchas e cicatrizes que as máscaras não conseguem cobrir? Deus está agindo em suas realidades desconfortáveis hoje, não no futuro ideal. Parece estranho? Você está em boa companhia.

> Ao passar, Jesus viu um cego de nascença. Seus discípulos lhe perguntaram: "Mestre, quem pecou: este homem ou seus pais, para que ele nascesse cego?"
>
> Disse Jesus: "Nem ele nem seus pais pecaram, mas isto aconteceu para que a obra de Deus se manifestasse na vida dele".
>
> João 9.1-3

A realidade é onde a glória habita. Sei disso por experiência própria. Se os discípulos me vissem aos 17 anos, teriam perguntado: "Mestre, quem pecou: este homem ou seus pais, para que ele usasse drogas, olhasse pornografia, mentisse e fizesse escolhas que vão arruinar seu futuro?". Jesus responderia: "Isto está acontecendo para que a obra de Deus se manifeste na vida dele". E assim foi. Sente-se melhor?

Pai alcoólico. Mãe codependente. Repetidas escolhas disfuncionais. Conflito entre desejos maus e bons. Hábitos destrutivos. Desonestidade no casamento. Essa era a minha realidade não desinfetada. Mas Deus não a removeu quando entrou em minha vida; em vez disso, ele a usou para libertar o sonho. Minha realidade horrível, minhas tendências e meus testemunhos se tornaram sua glória, seu sonho, à medida que Cristo removeu a crosta dentro de mim. O perdedor se sai vencedor. Remova Kenny e o substitua por Cristo.

Remova Kenny e o substitua por Cristo.

O resultado? O homem de Deus carrega a realidade de Deus, outras pessoas veem a transformação e começam a crer!

> Ele me tirou de um poço de destruição, de um atoleiro de lama; pôs os meus pés sobre uma rocha e firmou-me num local seguro. Pôs um novo cântico na minha boca, um hino de louvor ao nosso Deus. Muitos verão isso e temerão, e confiarão no SENHOR.
>
> Salmos 40.2-3

A realidade está onde a glória habita.

Do que você aparentemente não consegue se livrar? Não fuja da realidade; deixe Deus produzir glória através dela.

Expanda suas fronteiras num crescimento contínuo

A ambição do homem de Deus de tornar-se como Cristo exige uma busca agressiva dessa ambição. Precisamos expandir continuamente as fronteiras de nosso crescimento durante toda a vida na terra. Jesus não poupou palavras nem minimizou verbos quando o assunto era crescimento. Ele disse que ou você está crescendo ou está morrendo — é dar fruto ou não dar. Não existe meio-termo. É por isso que muitos homens que me enviam *e-mails* estão tão deprimidos: decidiram seguir na vida espiritual sem ousadias e, então, descobriram que não estão deixando de ser ousados, mas, sim, que estão morrendo! Deixaram de permanecer na videira de Cristo, estão desconectados do processo dele, e não têm nenhuma fonte de nutrição para suas convicções. O sonho de Deus para o homem de Deus sempre envolve crescimento pessoal e geração de fruto. Ele cresce; eu diminuo.

> O homem de Deus faz as orações corajosas do crescimento contínuo.

Mais Cristo, menos Kenny. Mais humildade, menos orgulho. Menos eu, mais serviço para os outros. E assim por diante...

O homem de Deus faz as orações corajosas do crescimento contínuo. Orações como as de Jó emergem quando ele abre sua vida à inspeção de Deus e dá a seu Criador a liberdade de rearranjar sua vida. Ele continua expandindo as fronteiras, dando a Deus mais e mais liberdade para transformá-lo.

> Se me conduzi com falsidade, ou se meus pés se apressaram a enganar, — Deus me pese em balança justa, e saberá que não tenho

> culpa — se meus passos desviaram-se do caminho, se o meu coração foi conduzido por meus olhos, ou se minhas mãos foram contaminadas, que outros comam o que semeei, e que as minhas plantações sejam arrancadas pelas raízes. [...] que a minha esposa moa cereal de outro homem, e que outros durmam com ela.
>
> Jó 31.5-8,10

Mamma mia! Isso é o que eu chamo de oração do quimono aberto. O cara está nu diante de Deus porque quer crescimento e integridade espiritual. É uma oração e uma confissão do tipo "manda ver". Palavras-chave: "Que Deus me pese". Você está disposto a ir a esse ponto em sua caminhada com Deus? O lugar da avaliação plena? Se estiver, você vai experimentar o sonho de Deus e capturar a visão dele para sua vida.

Quais serão os resultados se você continuar ampliando suas fronteiras de crescimento?

- Novos *insights.*
- Menos impulsos egoístas.
- Novo caráter.
- Menos confusão.
- Nova conduta.
- Menos confissão.
- Novo espírito.
- Menos efeitos colaterais.
- Novo crescimento.
- Menos desapontamento.
- Mais impacto.
- Menos arrependimento.
- Mais motivação.
- Menos frustração.

Sem custo adicional para as intensas cargas de adrenalina de tirar o fôlego e os testemunhos inesquecíveis do poder de Deus, que também serão seus. Leia a lista novamente. Vá em frente. Deus diz: "É isso que quero para você".

Remando em SONHE

Em meu livro *Arrisque*, desafiei os homens de Deus por todo o mundo a fazer um balanço de sua fé e deixar que Deus seja o que ele é: grande. Realmente grande. Se Deus tiver permissão de ser quem ele diz que é, então faremos escolhas igualmente grandes que agradam a Deus e ajudam os outros. *Sonhe* tem a ver com tornar-se um grande homem que busca a glória ao unir-se ao processo pessoal de Deus de tornar-se semelhante a seu Filho, abandonando fantasias de grandeza e optando por abraçar a realidade cotidiana para trazer glória a Deus. Para tornar-se um homem de Deus, você precisa: **S**ubmeter-se à decisão de Deus para você; **O**bedecer ao processo de Deus; **N**egar sua visão em favor da visão de Deus; **H**abitar na glória de sua realidade; e **E**xpandir suas fronteiras num crescimento contínuo.

Nos capítulos a seguir você descobrirá que a essência de viver o sonho como homem de Deus é deixar que ele decida quem você é e aprender a aplicar aquilo que ele lhe mostra. Os objetivos são simples, muito embora todos exijam fé.

Portanto... *Conecte-se* à visão de Deus para sua vida, *coopere* com aquilo que Deus revelar e *crie* novos relacionamentos que tragam glória a ele.

Pronto para pegar a onda? Então comece a remar, meu irmão.

2

Vazando Jesus

As pessoas costumam usar a frase "tal pai, tal filho"
para se referir à semelhança física dentro de uma família.
Fico feliz quando as pessoas notam minhas feições
em meus filhos. Deus também quer que seus
filhos tenham sua imagem e suas feições.
RICK WARREN

Não sei se você já percebeu, mas os bebês vazam.

Eles também exigem proximidade. Às vezes essa é uma combinação fatal para qualquer pai, tio, tia, irmão ou irmã que por acaso esteja segurando um bebê quando ele — hum, como posso dizer isso de maneira delicada? — você sabe, vaza. O que está dentro sai e cai sobre aqueles azarados o suficiente por estar na zona de perigo. Cheiros, babas, alimentos — e não se esqueça daqueles felizes número um e número dois. Talvez Deus tenha planejado as coisas assim para nos mostrar exatamente como é grande seu amor por nós e como ele funciona. Aí estão suas preciosas e maravilhosas criações que fazem bagunça; por causa de seu amor, ele limpa e limpa de novo, até que cresçamos. Isso é graça.

Minha filha Cara vazou sobre mim quando tinha 2 anos. Aconteceu exatamente da maneira como você deve estar imaginando. Eu estava dentro de sua zona de perigo quando ela estava alegremente sentada no meu colo. Um sinal elétrico cruzou o córtex cerebral de Cara e foi direto até sua bexiga no momento em que ela se aninhava toda contente sobre mim numa festa. Aquele evento neurobiológico ocorreu enquanto eu estava bastante envolvido numa história de emergência real contada por meu amigo Jeff, capitão dos bombeiros. Tal como planejado, a bexiga de Cara recebeu a transmissão, destravou e liberou o fluído que deveria ter sido capturado e contido por contramedidas parentais.

Mas havia uma conexão ruim. A fita adesiva da fralda que segura o material na posição correta havia se soltado. Uma pequena e despercebida mudança no alinhamento da fralda estava agora se transformando numa grande brecha. O poderoso rio Mississipi estava prestes a sobrepujar um pobre recruta.

No mesmo instante, um sinal elétrico percorreu meu cérebro para avisar que algo estava acontecendo nas regiões inferiores. Inesperado, o aviso levou um tempo para ser interpretado. O primeiro sinal — a sensação quente sobre meu quadríceps direito — foi totalmente rejeitado. O telefone estava tocando, mas deixei cair no correio de voz. Mais calor sobre a perna — outra percepção. Dessa vez, o sinal foi reforçado por um aroma inconfundível. Um ataque surpresa em forma de enxurrada de fluídos infantis. Foi um Pearl Harbor num penico — Cara, a japonesa, e eu, a inocente Frota do Pacífico. O reconhecimento e a resposta aconteceram tarde demais. As bombas haviam sido lançadas e eu estava dormindo abaixo do convés. Então, o que fiz? Corri para o banheiro feito um membro do esquadrão antibombas, por entre a multidão, segurando a bomba longe do meu corpo no caso de haver alguma contaminação remanescente. É claro que você sabe o que houve: nenhuma gota adicional foi derramada. A retirada rumo ao banheiro resultou num alegre sorriso de Cara, como se soubesse a diversão que havia provocado.

Nesta vida, o que está dentro terminará saindo. E você não pode fazer nada para impedir. Fazemos nosso melhor para prevenir borrifos e vazamentos. Fraldas, Tupperware e janelas calafetadas impedem a infiltração indesejada de coisas nos espaços protegidos da vida. Mas quando se trata de nosso caráter — aquela coisa que existe dentro da gente e que guia o processo de tomada de decisões críticas — não há controle que impeça o vazamento. E, com frequência, vazamos sobre os outros.

> ***Sonhando***
> *Nesta vida, o que está dentro terminará saindo.*

É mais ou menos assim: sinais e estímulos inevitavelmente disparam um transbordamento de seu caráter, que espirra sobre suas interações diárias. Esses borrifos têm influência na formação dos que estão ao nosso redor. Jesus coloca a questão da seguinte maneira: "O homem bom do seu bom tesouro tira coisas boas, e o homem mau do seu mau tesouro tira coisas más" (Mt 12.35).

A grande pergunta é: que tipo de caráter você está deixando vazar?

Fraldas e destino

OK, amigo, você está me acompanhando? Eu provavelmente deveria pedir desculpas por essa analogia tão explícita, mas ela é memorável, você não acha? O que está dentro tem de sair.

Deixe-me traduzir a progressão simples de meu episódio de vazamento com Cara em alguns paralelos básicos com nosso caráter como homens de Deus.

- *Aceitação.* Os processos físicos nos bebês são aceitos e inevitáveis. O que acontece em nós em termos emocionais, relacionais, morais e espirituais vai sair e influenciar a vida de outras pessoas.

Ambos são processos humanos orgânicos, planejados por Deus, que não podem ser interrompidos.

• *Proximidade.* Em ambos os cenários, a proximidade física determina a zona de impacto da influência. Ter Cara no meu colo me colocou em sua zona de perigo. Esposas, filhos, amigos e colegas de trabalho estão em nossa zona de perigo de caráter e conduta.

• *Ativação.* Uma vez cheia, a bexiga do bebê emite o sinal para ser esvaziada. Não há como evitar. Quando você se conecta com pessoas, seu caráter não pode deixar de ceder à conduta. O primeiro é um fluído que é eliminado como desnecessário, mas o outro é seu caráter, expresso no comportamento que tem uma influência contínua.

• *Sensação.* Uma fralda se expande, fica pesada e começa a cheirar — e minha perna e a roupa de Cara ficam molhadas. Com o passar do tempo, as pessoas ligadas a você sentem e percebem o verdadeiro você. Nossa dignidade se afasta, e elas adquirem uma percepção do que está lá dentro.

• *Saturação.* Existe uma transferência no processo. Do corpo para a fralda, para a calça e para a perna! As substâncias que vazam terminam em algum lugar; elas penetram nas coisas e mudam sua aparência. O que é limpo fica sujo. De maneira similar, qualquer medo, orgulho, insegurança, fragilidade, ligação sentimental ou ferida podem penetrar em nossos relacionamentos e mudá-los para melhor ou para pior.

• *Reconhecimento e reação.* Com Cara, não percebi logo de início o que estava acontecendo. Quando finalmente notei, era tarde demais. O mesmo é verdadeiro na zona de perigo do caráter masculino, tanto no lado positivo quanto negativo. Infelizmente, costuma ser o negativo. Dê uma olhada nos jornais e faça um estudo sobre a sociologia das escolhas masculinas que transbordam do caráter masculino para outras pessoas. Vai encontrar uma epidemia de doenças pessoais, ausência de pai, desintegração familiar e dor. A pessoa devastada lhe dirá que normalmente não houve tempo para suavizar o desastre até que fosse tarde demais. É como se meu pecado e minhas falhas de caráter vazassem de forma mais agressiva do que minhas partes mais saudáveis. Odeio quando essas minhas partes vencem. Outro dia, minha maior força tornou-se minha falha. Resultado: vazei a coisa ruim por sobre toda a família.

Vazando de si mesmo

— Bem-vindo a Taco Bell. Qual é o seu pedido?

Já havíamos montado nosso pedido enquanto estávamos na fila do *drive thru*. Pelo menos achei que sim. Apertei o botão do vidro, coloquei a cabeça para fora e respondi:

> Bem-vindo a Taco Bell. Qual é o seu pedido?

— Quero três *gorditas* de queijo, dois enrolados *supreme* e três *burritos* de feijão sem cebola.

Ufa. Que provação! Em nossa família, os pedidos feitos no *drive thru* são repletos de minas terrestres com bombas chamadas "mudanças de última hora". Tento fechar o pedido antes de ser empurrado pela fila de carros atrás de mim e pelo alto-falante na minha frente.

Desta vez eu estava pronto.

Mas enquanto eu entregava o pedido da comissão reunida no carro para o congresso da Taco Bell, ergueu-se de repente a voz de discórdia da deputada sentada ao meu lado.

— Não quero *gordita* de queijo — disse Chrissy, minha esposa.

Ai, ai, ai.

Fiz uma pausa e ouvi o alto-falante repetir para mim:

— São três *gorditas* de queijo, dois enrolados...

Um segundo apelo de Chrissy se iniciou ao mesmo tempo, desta vez com mais energia e num tom inconfundível. Você sabe, *aquele* tom de voz. Ele é usado quando o porta-voz da comissão não está representando o grupo como deveria e ignora o procedimento adequado para correção.

Puxa vida. Ótimo ouvinte que sou, apressei-me e respondi:

— É isso.

— O valor total é US$ 10,45. Por favor, pague na próxima janela.

Tirei o pé do freio e andei dois metros adiante. Havia dois carros à frente.

— Não quero *gordita* de queijo — Chrissy repetiu. O volume havia se intensificado. Claro, era justificável — eu a ignorei diante da pressão da fila atrás de nós. Pensei em trocar meu enrolado pela *gordita* de queijo dela e todos ficariam satisfeitos. Recurso feito, alívio garantido.

Mas então eu ataquei, deixando vazar uma zombaria pela mudança fora de hora de Chrissy. Fiz troça de seu tom de voz, de seu drama, da catarse em relação ao fiasco do taco de queijo que fora tão facilmente neutralizado. De fato, a família inteira se juntou e demos uma grande e gostosa risada às custas dela — minha Chrissy, que não é sensível, também riu de si mesma.

A gozação deveria ter morrido ali. Mas não morreu.

Na noite seguinte, meus filhos decidiram reprisar o incidente na Taco Bell para meus parentes e sobrinhos enquanto sentávamos à mesa do jantar da casa deles. Por alguma razão, não foi tão engraçado da segunda vez. Especialmente para Chrissy. Foi aberta a temporada de caça à mamãe, que prosseguiu, prosseguiu e não parou. À medida que aquilo aumentava, surgiam outras histórias embaraçosas. E, ainda assim, não a protegi. Até mesmo Jenna, minha pequena princesa, decidiu tomar parte no frenesi alimentar dos tubarões. Finalmente, percebendo que já havia pedaços demais da mamãe espalhados na água, tentei sem muito entusiasmo mudar a direção da conversa. Só que minha proteção chegou tarde demais. Dei uma olhada para as crianças, mas o dano já estava feito. Pedi licença para juntar nossas coisas e saí para chamar meu filho no andar de cima. Quando finalmente chegamos ao carro, as consequências do meu vazamento vieram como um dilúvio. Fui forçado a aceitar que eu era a fonte das emoções negativas que fervilhavam dentro de minha esposa. Como líder da família, era minha responsabilidade intervir, mas deixei que as coisas saíssem de controle e, depois disso, fiz muito pouco para interromper o processo. Odeio ser a fonte do problema.

Duas horas depois, a família inteira se sentou na sala de estar e pediu desculpas a Chrissy pela maneira como a havíamos tratado. Nossa família (graças a mim) pode ser bastante competitiva, o que é bom em certos contextos. Mas é ruim quando se trata de relacionamentos. Esse lado do meu caráter vaza quando nos sentimos em vantagem ou quando existe uma risada a ser dada. Na maior parte do tempo, como família, rimos de nós mesmos, sem ultrapassar o limite nem fazer picadinho do outro. Desta vez, porém, a competição levou à opressão, que levou à humilhação, que levou a um ataque significativo, além do desrespeito, e de um ataque verbal direto. Um dos membros da família havia parado de rir, começou a se sentir ferido e ninguém percebeu. Assim como bater em um pequeno arranhão, cada golpe deixou de ser engraçado e começou a dilacerar a carne emocional de alguém a quem amamos.

Perguntei a minha família se eles se sentiam orgulhosos do que haviam feito naquela noite, se a palavra "honra" descrevia a maneira como havíamos tratado Chrissy. Houve um momento de silêncio e, então, com lágrimas correndo pela face de todos, concordamos: de jeito nenhum. Eu estava envergonhado por ter deixado vazar aquela parte do meu caráter sobre minha família e por ter permitido que a competição levasse à opressão. Chrissy estava disposta a rir de si mesma na fila da lanchonete, mas não tinha razão para esperar que aquilo se tornasse uma ladainha de abuso público. Todos nós demos um passo para trás, analisamos o acontecido, nos desculpamos e pedimos o perdão dela. O que estava dentro de nós explodiu e feriu nossa comunhão com a pessoa mais amorosa, graciosa e respeitável da família.

Em casa, esse dia é conhecido como o episódio da tortura da Taco Bell: um momento realmente ruim da história dos relacionamentos da família Luck. E o alvo foi minha esposa. Talvez sua família seja diferente, mas, em nossa casa, temos a tendência de considerar como normais uma série de coisas sobre a mamãe. Ela é a famosa cola que junta tudo e faz com que tudo funcione. Se fosse diretora executiva de uma empresa, estaria ganhando um salário de seis dígitos, pois tem vasta experiência em gerenciar todas as particularidades e necessidades de nossa família de cinco membros. Chrissy faz com que seja fácil eu vestir meu propulsor a jato e ser o super-herói da casa, pois é ela quem está na floresta abrindo a clareira para que eu possa aterrissar dia após dia. É mais ou menos assim: não é fácil ser o que ela é, mas ela aceita suas responsabilidades com disposição e sem ressentimento, fazendo sacrifícios por nós sem receber a apreciação merecida. Ela é uma mulher de Deus. Digo isso um pouco envergonhado, mas fiz a mulher de Deus perder o controle, e tudo começou num *drive thru* da Taco Bell.

O caráter influencia aqueles que estão ao nosso redor e, às vezes, de maneira imperceptível. Um DNA competitivo e agressivo pode ser uma boa qualidade para crianças que enfrentam obstáculos. Mas, nos relacionamentos, é melhor nos conectarmos do que competirmos. Fora do controle do Espírito Santo, meus maiores talentos e pontos fortes se tornam minhas maiores fraquezas.

Não podemos impedir o vazamento, mas o sonho de Deus muda o que está saindo. Em resumo, ele prefere que a adutora de seu caráter transforme nosso esgoto numa expressão nova e agradável. Ele quer substituir o pecado e o egoísmo vazante pelo caráter remidor de Cristo.

A gigantesca ironia é que nossas fraquezas humanas criam momentos para o triunfo do poder divino. Isso aconteceu naquela noite em minha família, e acontecerá em sua vida quando você entender exatamente o que é o sonho de Deus: que você vaze mais de Jesus e menos de si mesmo. Uma expressão de caráter produz relacionamentos saudáveis; a outra gera danos. Uma faz de você uma pessoa melhor; a outra faz sujeira. Uma envolve rendição; a outra envolve escravidão. Uma traz amor, sacrifício e salvação a um mundo morto; a outra traz desconexão e destruição.

> ***Sonhando***
> *Nossas fraquezas humanas criam momentos para o triunfo do poder divino.*

O sonho de Deus para nós cria mais atração a ele e menos desprezo em relação ao cristianismo:

> Mas graças a Deus, que sempre nos conduz vitoriosamente em Cristo e *por nosso intermédio exala em todo lugar a fragrância do seu conhecimento; porque para Deus somos o aroma de Cristo* entre os que estão sendo salvos e os que estão perecendo. Para estes *somos cheiro de morte; para aqueles, fragrância de vida.* Mas quem está capacitado para tanto? Ao contrário de muitos, não negociamos a palavra de Deus visando lucro; antes, em Cristo falamos diante de Deus com sinceridade, como homens enviados por Deus.
>
> 2Coríntios 2.14-17, grifos do autor

Esse é o cheiro do homem de Deus.

Sinta o cheiro

Visibilidade. Identidade. Utilidade. Portabilidade. Eternidade. Disponibilidade. Integridade.

Essas palavras descrevem a agressiva estratégia de Deus para vazar o céu sobre toda a terra através de você. Toda palavra é concretizada em todo homem de Deus à medida que ele entrega cada vez mais sua vida a Jesus Cristo e à influência do Espírito Santo. Esse sonho de Deus não apenas satisfaz nossos anseios mais profundos de sermos importantes, como também nos leva aonde a verdadeira glória habita: pessoas vendo e experimentando Jesus em você.

Visibilidade

"Mas graças a Deus, que sempre nos conduz vitoriosamente." Isso, meu amigo, é o que chamamos de bom e velho desfile da vitória. Imagine um general romano orgulhosamente conduzindo suas tropas num desfile de vitória enquanto as pessoas aplaudem e saúdam pelas ruas. Quem disse que Deus não gosta que seus rapazes tenham visibilidade? Ele quer que você seja notado. Quer que as suas vitórias sejam reconhecidas. Quer que os outros vejam o novo você, criado em Cristo, que está fazendo boas obras. Quer que você seja totalmente identificado com ele, com seus campos de batalha no mundo e com a derrota total que ele impõe sobre o inimigo. Por quê? Porque as vitórias que você alcança dão glória a Deus.

Identidade

Duas palavras dão sentido a toda essa visibilidade: "em Cristo". O desfile da vitória é conduzido pelo Capitão da salvação. Quem as pessoas identificarão como o herói? Cristo. Quem receberá o crédito como orquestrador das vitórias em sua vida?

Cristo. Quem é aquele que inspirou você a lutar, ao sacrificar a própria vida pela sua? Cristo. O caráter de quem, presente em você, derrotou o pecado em sua vida? O de Cristo. Quem é aquele que o resgatou da derrota? Cristo. Quem lhe deu um novo propósito? Cristo. Ele recebe as saudações e você compartilha da glória dele. O sonho de Deus para mim é que minha visibilidade sobre a terra surja a partir de minha identidade em Cristo, exatamente porque esse é o único tipo de visibilidade que traz glória a ele. Não é uma visibilidade para servir a mim mesmo que suaviza minhas inseguranças. É uma visibilidade que honra a Cristo que se mostra em minhas atitudes por ele. Eu sou seu troféu.

> ***Sonhando***
> *Cristo lhe deu um novo propósito.*

Utilidade

"E por nosso intermédio..." Uma coisa é estar associado à grandeza, mas estar envolvido de maneira proativa na construção de algo grande com Cristo é um caminho bem longo para um pecador trilhar. O sonho do pecador é ser liberto de seu pecado. Deus leva o sonho anos-luz além disso ao optar por usar o pecador como um vaso para derramar esperança e salvação sobre aqueles que estão ao seu redor. A frase "por nosso intermédio" mostra Jesus conectado conosco numa tarefa. A ênfase, quando colocada sobre "nós", carrega consigo aquele senso de descrença — aquele sujeito tem permissão de realizar esse grande trabalho. As pessoas dizem: "O quê? Quem, ele? Com Deus?". Choque e surpresa totais.

Portabilidade

"Exala em todo lugar a fragrância do seu conhecimento." Esta é a genialidade do plano de Deus: a todo lugar aonde o homem de

Deus vai, a mensagem vai junto. Todo lugar significa todo lugar. Não importa onde você vive, trabalha, viaja ou se diverte: você tem dois empregos quando as pessoas estão presentes. Se estiver com cristãos, seu trabalho é vazar Jesus através da edificação — edificá-los e fortalecer a fé daquelas pessoas em Cristo. Se estiver com não cristãos, seu propósito é vazar Jesus para a evangelização — ganhar aquelas pessoas para Cristo. Por onde for, você vaza e as pessoas são alcançadas para os propósitos de Deus.

Eternidade

"Porque para Deus somos o aroma de Cristo entre os que estão sendo salvos e os que estão perecendo. Para estes somos cheiro de morte; para aqueles, fragrância de vida." Nosso trabalho é exalar cheiro, não julgar a maneira como os outros reagem ao nosso odor. O aroma de Jesus liberado pelo homem de Deus é sempre um perfume doce, ainda que possa ser mais rejeitado do que aceito. É por isso que é preciso coragem para seguir a Cristo — muitos homens rejeitarão o convite que ele faz para vir a ele. Nossa única base para avaliação é a fidelidade, não a quantidade de pessoas que influenciamos.

Disponibilidade e integridade

"Mas quem está capacitado para tanto? Ao contrário de muitos, não negociamos a palavra de Deus visando lucro; antes, em Cristo falamos diante de Deus com sinceridade, como homens enviados por Deus." Leia isso de novo, devagar. Consegue engolir essa? Esse versículo descreve quem você quer ser? Você é um homem "capacitado para tanto"? Para deixar Cristo glorificar a si mesmo através de você de maneira poderosa, você precisa de disponibilidade e integridade. A disponibilidade é fácil. Basta ter disposição de tornar-se como Cristo! Mas juntamente com sua disposição deve haver integridade. Como Paulo destaca a seus leitores, "muitos" usam Deus para propósitos egoístas em vez de permitir que Deus use a vida deles para os seus propósitos. Em algum ponto do caminho existe uma contaminação do propósito. A identidade dessas pessoas e as atividades para Deus estão em oposição a sua integridade. Esses homens não podem ser usados de maneira grandiosa. Há algo de errado em seu caráter. Eles não permitiram que Cristo penetrasse totalmente na profundeza de sua vida. Estão compartimentalizados em seu caráter ou "des-integrados" por dentro. Partes desses homens não estão totalmente confortáveis com a verdade e a realidade, e eles servem ao Senhor com motivação mista e um caráter doentio. Por trás da máscara de seu cristianismo, estão perguntando: "O que eu ganho com isso?". São mascates, agenciando a Cristo para ganho próprio. Perderam a noção da presença de Deus para guiá-los e a necessidade de que devem prestar contas a ele. Não se pode confiar nesses homens. Por quê? Eles não têm integridade espiritual. Em contrapartida, homens de Deus sinceros são bem-vindos à vaga. Eles fazem parte do grupo de homens "ao contrário", totalmente abertos à liderança, aos métodos, às orientações e às decisões de Deus acima de suas próprias. Mais especificamente, eles escolhem continuamente as direções e métodos que darão a Cristo maior glória na vida deles.

Ter a cara da família

A essa altura, acredito que você está decidido, como homem de Deus, a permitir que o caráter de Jesus Cristo vaze de você e se derrame sobre suas esferas de influência. Esse é o sonho de Deus para você: ter a feição dele. O restante de nossa jornada em *Sonhe* vai se concentrar no caráter de Cristo, de modo que possamos acomodar mais dele em nossa vida por meio da fé e em parceria com o Espírito Santo. Oro para que, à medida que você siga adiante, o faça em espírito de parceria com o Espírito Santo. Como fazer isso? Basta pedir a ele que lhe revele, convença e conduza através de suas orientações, direções, revelações e, mais importante, as circunstâncias que você vive e que claramente pedem para você sair e dão boas-vindas à entrada de Cristo. Talvez você queira parar agora e fazer isso neste instante. Vá em frente.

É muito bom saber que o Espírito Santo não está em falta em sua vida e que vai revelar as áreas onde seu caráter está desalinhado, onde ele precisa de uma regulagem ou de uma funilaria completa. Esses momentos serão desconfortáveis, depois valerão a pena e, por fim, serão valiosíssimos à medida que se envolve cada vez mais no sonho de Deus para você, que é que você se torne igual ao Filho dele — que tenha a cara da família, que é o que lhe agrada.

Esteja onde estiver em sua jornada espiritual, estude a vida de Jesus para que possa imitar a maneira como ele interage com as pessoas. No final, seu objetivo é um novo caráter expresso numa nova conduta que impacta as pessoas e traz nova vida. Muitas vezes, a geração desse efeito vai envolver o sacrifício de algo que é parte de você para poder ganhar a Cristo. Isso pode significar uma nova maneira de olhar para as pessoas, um novo modo de pensar, uma nova maneira de agir e interagir e um novo jeito de alcançar os outros. Em todas essas situações, um custo vem com um benefício. O sonho completo é que estejamos dispostos a sacrificar tudo — a ser crucificados com Cristo de modo a levar outras pessoas a ele.

Deus forma seu Filho em nossa vida de maneiras que nós nem sempre escolheríamos.

Deus forma seu Filho em nossa vida de maneiras que nós nem sempre escolheríamos. Homens de Deus de todas as épocas reconheceram que o sofrimento fazia parte do processo para a realização do sonho. Paulo disse:

> Trazemos sempre em nosso corpo o morrer de Jesus, "para que a vida de Jesus também seja revelada em nosso corpo. Pois nós, que estamos vivos, somos sempre entregues à morte por amor a Jesus, para que a sua vida também se manifeste em nosso corpo mortal. De modo que em nós atua a morte; mas em vocês, a vida".
>
> 2Coríntios 4.10-12

A questão é a seguinte: sacrifícios e sofrimentos fazem parte do acordo. Como serão esses sacrifícios para você? Só Deus sabe. Portanto, se você está lendo isto e está experimentando uma provação que o está levando ao limite, não desanime, meu irmão. Porque tal como um ferreiro forjando aço temperado, Deus está forjando seu Filho em você.

Se você se sente tentado a pegar o paraquedas e pular fora do sonho, ou se está perguntando a Deus se existe outra maneira de "fazer esse negócio", você está em boa companhia. Afinal, estou orando para que você ore como ele orou naquele momento: "Pai, se queres, afasta de mim este cálice; contudo, não seja feita a minha vontade, mas a tua" (Lc 22.42). Jesus foi honesto com Deus sobre a dificuldade de aceitar o plano. Não seria nada fácil. Ele orou pedindo outra maneira. Mas estava entregue a Deus. No final, Jesus desejou o plano de Deus mais do que seu próprio conforto. Esse é um sujeito macho fazendo uma oração de macho.

O que é preciso para ser como nosso líder Jesus? Submissão total para deixar Deus dirigir o sonho da semelhança a Cristo, dando a ele liberdade irrestrita para escolher a maneira de transformá-lo em realidade.

Nos próximos capítulos, analisaremos uma qualidade de Cristo e exploraremos a maneira como ela é expressa. Vamos esmiuçar o que ela significa ao olhar para homens reais que saíram da semelhança ao homem e chegaram à semelhança ao Filho do homem. Nosso objetivo é este: "E todos nós, que com a face descoberta contemplamos a glória do Senhor, segundo a sua imagem estamos sendo transformados *com glória cada vez maior*, a qual vem do Senhor, que é o Espírito" (2Co 3.18, grifo do autor). Este sonho é um processo cada vez maior que dura a vida inteira. Como eu, você vai se perder nas esquinas de seu caráter de vez em quando. Pode contar com isso. O segredo é que quando chegarem esses momentos de revelação, quando você vir os espaços que há entre você e Cristo, veja-os como vindos de Deus para fazer com que você seja como Cristo. Tenha fé no sonho que ele tem para você.

Agora, meu irmão, é hora de ver o que está vazando de você e o que vazava de Cristo.

3

Nada de neon

A suficiência do meu próprio mérito é saber
que meu mérito não é suficiente.
AGOSTINHO

A melodia era familiar, mas o idioma era estranho.

Estava numa cabana de madeira de 6m x 15m na região montanhosa do sul do México. Um rapaz pequeno, com roupas e face sujas, estava à minha esquerda, olhando para cima na direção daquele grande homem branco, enquanto sua mãe e outras mulheres tsotsil (pronuncia-se "sôtsil") tocavam tamborins e dançavam, cantando em uníssono na frente da congregação. Eu me achava em meio a um nevoeiro santo, uma cacofonia de imagens e sons. Notas graves e sons acústicos se aglutinavam a seu dialeto maia antigo, criando uma declaração espiritual por meio da música. Foi como assistir *Apocalypto*[1] sem legendas. (Tsotsil é um dialeto dos maias de Yucatán, falado no filme de Mel Gibson). Acessei o *Google* do meu cérebro para tentar encontrar uma melodia que combinasse e recebi uma resposta vinte segundos depois. Então, tão logo a estrofe seguinte inundou a cabana, não tive dúvidas. Minha alma começou a tocar o arquivo de áudio e meus lábios se juntaram a ele: "Estou seguindo... a Jesus Cristo... Desse caminho... eu não desisto... atrás não volto... não volto, não". Eu cantava em inglês. Os demais cantavam em sua língua nativa.

As lágrimas começaram a rolar, meus braços foram erguidos e o doce abraço do Espírito Santo saturou cada célula do meu corpo. Cognitivamente, não entendia nada. Espiritualmente, foi uma experiência como a da sarça ardente. Aquela cabana era consumida pela presença de Deus, e todos nós estávamos em pé. Tal como Moisés, eu tinha medo de abrir os olhos.

Apenas vinte minutos antes, eu estava em pé do lado de fora dessa cabana, ouvindo o pastor contar a história de como a igreja fora plantada. Numa linguagem bem simples, ele explicou que os líderes tribais daquela localidade lhe deram uma surra naquele mesmo local. Ele pediu para isso acontecer. O pastor Refúgio, juntamente com vários outros índios tsotsil de sua vila, deixou o paganismo ritual maia e abraçou um novo caminho — o caminho de Jesus. Isso não caiu muito bem entre os caciques locais, que mantinham a hegemonia cultural e a aplicavam à força quando as pessoas se desviavam.

A perseguição de décadas ao povo de Refúgio está bem documentada na região de Chiapas, mas continua sem punição, despercebida do mundo exterior. Os caciques odeiam especialmente os pastores e gostam de transformá-los em bodes expiatórios. Os pastores são a fonte de sua dor e o objeto de sua ira. Cada palavra que sai da boca de Refúgio o condena como um homem marcado. Nosso tradutor explicou que a conversão de Refúgio, juntamente com outros de sua vila, atrapalhou seriamente o fluxo de caixa dos chefes locais que controlam e extorquem os praticantes do paganismo maia na região. Esses "líderes" coagem as famílias indígenas rurais a comprar os acessórios ligados aos rituais pagãos: galinhas para sacrifício, velas e a poção alcoólica usada nos cultos, chamada *posh*. Os caciques também exigem festas familiares que são custeadas por dinheiro emprestado a taxas exorbitantes para prender financeiramente os aldeões pobres em prostituição financeira. Resumindo: o cristianismo nesse canto do mundo é uma pedra no sapato dos criminosos. Embora a perseguição aos cristãos seja feita em nome da cultura, o que a move são questões financeiras. Tive essa percepção antes de o tradutor terminar a história.[2]

A história é uma espécie de versão mexicana de *O Poderoso Chefão*.[3] Os caciques fizeram um acerto com Refúgio. Primeiro, bateram nele e mandaram-no calar a boca. Quando viram que isso não funcionou, os caciques resolveram eliminar o homem de Deus. Nada de avisos. Dessa vez, os punhos foram substituídos por tiros. O tradutor descreveu um assassinato à moda antiga: um sinal, um grupo de atiradores e um momento planejado com antecedência para um tiro mortal. Numa noite escura, os assassinos cercaram a casa do pastor Refúgio e bateram na porta. Ele havia imaginado que um dia como aquele chegaria e havia se preparado para morrer por Cristo.

> A história é uma espécie de versão mexicana de *O Poderoso Chefão*.

Então, de acordo com Refúgio e o assassino recém-convertido sentado à minha frente, um vento desceu da montanha de maneira audível e visível e traçou uma linha entre os lobos e sua presa. Foi um vento sobrenatural que se transformou numa presença violenta. O assassino convertido descreve o vento como semelhante a uma águia que estendeu suas asas sobre eles e fez com que todos caíssem no chão e depois fugissem. Em resumo, Refúgio sobreviveu e, a partir do assassinato frustrado, nasceu uma igreja: *Alas de Aguila*: Asas de Águia.

Olhei para o chão. Olhei para a cabana, com seu pequeno símbolo branco, uma águia pintada em azul. Olhei para o assassino convertido. Olhei para a vila em volta, no meio do nada. Absorvi a imagem de pobreza que me cercava. Senti o ar pesado que rodeava aquela vila. Olhei para aquele homem minúsculo — metro e meio, cinquenta e poucos quilos — e comecei a me sentir muito pequeno. Ocorreu-me que ele caminha para casa todos os dias por essa estrada rural sob ameaça de morte. Fiquei aborrecido por perceber que pouquíssimas pessoas um dia verão ou conhecerão sua bravura. Foi duro perceber que eu precisava ir embora e que ele ficaria e viveria sua fé debaixo de condições tão estressantes. Olhei para seu porco, sua casa de um cômodo, sua esposa e seus cinco filhos pequenos. "O lugar onde estou é terra santa", pensei. Era a sarça ardente do Êxodo em Chiapas. Uma pessoa engolfada pelas chamas da perseguição, mas que não se queima, pois a mão de Deus está sobre aquele homem, andando com ele no meio das chamas.

Segurei o pastor Refúgio pelos ombros e voltei sua face na direção da minha. Havia algo que eu precisava lhe dizer. Olhei para seu rosto e disse em espanhol: "Quero que saiba que você tem um irmão na América que vai se colocar a seu lado em oração. Quero que saiba que minha família vai orar por você e por sua família. Quero que saiba que você nunca será esquecido. Você estará no nosso coração e na nossa mente". Não tinha mais nada a oferecer.

Seus olhos começaram a se encher de lágrimas. Ninguém mais, a não ser ele mesmo, era capaz de carregar a cruz de Refúgio a cada dia. Mas naquele instante, parecia que aquele guerreiro sentiu um círculo de segurança no qual podia abaixar a guarda e simplesmente ser um homem. Em meio a lágrimas, ele me falou de seus fardos, os temores por sua família e como se sentia isolado. No exato momento em que achei que estivesse desmoronando, porém, ele levantou um braço, apontando ousadamente para sua modesta igreja numa cabana e começou a contar as esperanças que tinha de conseguir uma construção maior. Ele balançou o braço sobre o lugar onde ela seria erguida, contando-me os detalhes mais importantes. Disse-me como o mesmo Deus poderoso que veio para protegê-lo na noite da morte, com asas como as de uma águia, transformaria a visão em realidade. Ele estava cheio de fé, sem desistir da visão apontada por Deus de ir trabalhar na obscuridade — foi essa a missão que ele orgulhosamente aceitou.

O pastor Refúgio é um gigante da fé. "Como ele conseguiu esse título?", você pode perguntar. Uma palavra: humildade.

Ao conhecer Refúgio, entendi que sua grandeza não era uma medida de como Deus o usou, mas a resposta dele à maneira como Deus escolheu usá-lo. Volte ao início do filme e você verá um homem contente em ser um peão dentro de um plano mais amplo. Vai ver um homem cooperando com Deus no papel que Deus queria que ele desempenhasse. Você testemunha um espírito que está contente em viver nos bastidores, no rincão, nos países mais hostis do reino. Sem rebelião. Sem retirada. Apenas cooperação com Deus. Imagine a cena: eles mandam o esquadrão da violência, batem nele até arrancar sangue e o deixam caído no chão com pouco tempo para repensar sua posição. Imagine que você é Refúgio. "Hum... Opção A: Estou fora! Opção B: Não seja tão óbvio. Opção C: Fique, construa uma igreja e pule de volta ao ringue para continuar."

Como você pode ver, ele não está nisso por si mesmo. Refúgio desapareceu. Ele está nisso por Deus e pelo povo que precisa do Senhor. Ele não precisa de títulos, posição ou segurança para manter a dignidade. Ele não se importa se recebe pouco ou nenhum crédito, contanto que o trabalho do reino seja feito. Ele não tenta negociar com Deus nem manipulá-lo. Não. Em vez disso, num espírito de quebrantamento e dependência de Deus, ele descansa na soberania divina, reconhecendo humildemente que talvez tenha de esperar para ser levado ao céu antes que alguma das promessas de Deus seja cumprida por meio de seu sofrimento. Sua humildade sobre a terra vem da ambição eterna, uma baixa estimativa de sua própria importância à luz de mais ambições e garantias eternas. Ele não precisa provar nada para os bandidos. Ele tem recebido tanta generosidade de Deus que seu orgulho e seu medo não são páreos para sua humildade e coragem.

> ***Sonhando***
> *Ser humilde e dedicado dia após dia é a substância dos homens de Deus.*

Ser o homem que Refúgio é, dia após dia, é a substância dos homens de Deus:

- Força interior disciplinada.
- Poder centralizado em Deus.
- Busca agressiva.
- Iniciativa ousada.
- Sacrifício por uma boa causa.
- Adiamento da gratificação.
- Elevação diante da intimidação.
- Ambição eterna.

Contente e seguro no Pai significa humilde no sentido mais agressivo. Quando um homem é declarado importante por Deus e sua missão é aprovada por Deus, ele está livre para ser humilde.

- Sem nada para provar.
- Contente consigo mesmo.
- Desejoso do reconhecimento apenas de Deus.
- Confiante em Deus em sua condição social.
- Não ameaçador.
- Em paz com o fraco.
- Fácil de abraçar.
- Não sente necessidade de receber o crédito.
- Não competitivo.

Sem essa postura emocional, as circunstâncias de Refúgio impediriam sua liberdade de ser tão disciplinado e agressivo espiritualmente. A verdadeira humildade produz as virtudes de sua masculinidade. O resultado? O pequeno gigante de Chiapas vive o sonho que todo homem de Deus sente profundamente no magma de sua alma: agir de maneira nobre e humilde diante de Deus e dos homens.

Essa é a dança que pouquíssimos homens são capazes de levar a cabo. A maioria tenta fazer isso sem Cristo. Ou ele está faltando na receita deles ou está misturado de maneira errada, de modo que quase nunca consegue ser visto ou sentido. Esses homens nunca percebem plenamente o sonho de grandeza nem se transformam nos homens que tanto desejam ser. Os elementos não redimidos do orgulho e do medo prevalecem sobre o espírito de Cristo. O resultado é: seu sonho de grandeza está morto.

É por isso que o homem de Deus, como Refúgio, precisa ter uma compreensão segura de Deus em sua vida. Quando estamos desconectados de uma clara compreensão das habilidades e do amor de Deus, da atitude de Deus para conosco e do sonho dele para nós, simplesmente não conseguimos nos livrar destes impedimentos:

- A necessidade de ser notado.
- A necessidade de provar nosso valor.
- Ídolos.
- A necessidade de ser o primeiro.
- Tentar agradar as pessoas.
- Eu.
- Preconceito.
- Feridas.

Simplificando, não podemos experimentar e desenvolver uma humildade como a de Cristo nem experimentar o sonho de Deus para nossa própria vida. Mas se continuarmos suficientemente humildes para vê-lo com clareza, conheceremos e experimentaremos um novo nível de visão e serviço de dentro para fora.

A humildade é fundamental na adoção do caráter de Jesus porque é fundamental na redenção. Isso significa que precisamos aprender como usar nossa influência.

Realeza sem coroa

Jesus não precisou de neon.

O rei humilde é uma contradição, a menos que você esteja falando de Cristo. Nobre e modesto. Poderoso e gentil. Cheio de autoridade e receptivo. Soberano, mas submisso. Majestoso, mas humilde. É, esse é o nosso homem. Somos chamados a imitar, servir de modelo e projetar nos outros a habilidade de temperar nossa influência com humildade para os propósitos de Deus. Para tanto, precisamos pensar humildemente.

> ***Sonhando***
> *Jesus não precisou de neon.*

> Tentem pensar como Cristo Jesus pensava. Mesmo em condição de igualdade com Deus, Jesus nunca pensou em tirar proveito dessa condição, de modo algum. Quando sua hora chegou, ele deixou de lado os privilégios da divindade e assumiu a condição de escravo, tornando-se *humano!* E, depois disso, permaneceu humano. Foi sua hora de humilhação. Ele não exigiu privilégios especiais, mas viveu uma vida abnegada e obediente, tendo também uma morte abnegada e obediente — e da pior forma: a crucificação.
>
> Por causa dessa obediência, Deus o exaltou e honrou muito acima e além de todos, para que todos os seres criados, no céu e na terra — até aqueles há muito mortos e enterrados —, se curvem em adoração na presença de Jesus Cristo e proclamem,

por meio do louvor, que ele é o Senhor de todos, para a gloriosa honra de Deus Pai.

Filipenses 2.5-11, MSG, grifo do original

O sonho de Deus para você tem esta aparência:

- Você tem influência sem ego.
- Você é capaz de retaliar, mas opta por reconciliar.
- Você abre mão do poder para aumentar a influência de Deus.
- Você se submete ao plano de Deus em vez de tirar vantagem dele.
- Você nota os outros livremente.
- Você se esvazia em vez de se achar merecedor.
- Você está disposto a suportar o golpe em obediência humilde aos propósitos de Deus.
- Você é capaz de esperar que Deus honre seus esforços no tempo dele.

Esse é o sonho de Deus para você porque isso é Jesus — a imagem a qual você foi criado para refletir e revelar.

"Bom, Kenny, como aplico isso?"

Existe uma tonelada de respostas possíveis, mas creio que um homem de Deus diz o seguinte a si mesmo: "Quero me portar dessa maneira durante minha missão na terra". Pergunte a si mesmo:

- Consigo ver claramente a humildade de Jesus?
- Quero essa qualidade de caráter de Jesus em minha própria vida?
- Que tipo de caráter as pessoas percebem quando estão perto de mim? Ao ser humilde facilito ou dificulto as coisas para elas?

- Sinto-me bem no meio de pessoas marginalizadas pela sociedade ou de pessoas diferentes de mim?
- Sou alguém que fica distante ou que é facilmente abraçado pelos outros?

Depois de responder a essas perguntas por meio de uma avaliação honesta, dê o primeiro passo de humildade submetendo sua vida a Cristo (mais uma vez, se for preciso). Diga-lhe que quer ser como ele, peça que o ajude a depender dele de modo que você possa aprender a ser humilde e pensar com humildade. De maneira prática, isso significa que, sob o controle de Deus, nós fazemos trocas, como Jesus fez:

- Conforto pelo desconforto.
- Bajulação pela fidelidade.
- *Status* pelo serviço.
- Dureza pela generosidade.
- Títulos por tesouros no céu.
- Segurança por sofrimento.

Essa é a aparência da humildade no estilo de Jesus. Isso é o que significa ser humildemente importante.

Jesus diz: "Relaxe!"

O eixo da humildade é interno. É uma postura emocional que faz com que as pessoas que estão em sua presença sintam-se aliviadas, leves e ligadas a você, tudo ao mesmo tempo. Sua apresentação não é forçada, mas é forte. Isso acontece porque, em suas raízes, a humildade verdadeiramente baseada em Cristo presente em um homem combina uma opinião modesta da importância que a própria pessoa tem com uma avaliação excessivamente alta da importância de Deus e das pessoas. Num encontro pessoal, o possuidor da humildade desaparece como um obstáculo emocional à outra pessoa e deixa duas forças poderosas em seu lugar: a presença de Deus e a importância da outra pessoa. Pense no encontro de Jesus com a prostituta. Sinta a interação entre Jesus e a mulher junto ao poço. Revisite Jesus e os leprosos. Releia o episódio de Jesus e o cego de nascença. O que todas essas pessoas experimentaram? Todas elas se colocaram na presença de Deus, sentiram-se seguras e ligadas a Deus. Humilhante, não é?

Para o solitário, marginalizado, sobrecarregado, estressado ou agitado, um Deus-homem humilde é de quem eles precisam. É por isso que Jesus ofereceu tão liberalmente sua humildade a nós — isso é animador!

> "Venham a mim, todos os que estão cansados e sobrecarregados, e eu lhes darei descanso. Tomem sobre vocês o meu jugo e aprendam de mim, *pois sou manso e humilde de coração*, e vocês encontrarão descanso para as suas almas. Pois o meu jugo é suave e o meu fardo é leve".
>
> Mateus 11.28-30, grifos do autor

A mensagem é:

- "Apenas respire fundo."
- "Tudo vai dar certo."
- "Sou seguro."
- "Não abusarei da sua confiança."
- "Eu lhe mostrarei como fazer."
- "Caminhe comigo."
- "Você vai se sentir mais livre e melhor."

A partir da perspectiva de Jesus, sua oferta é atraente não por conta da promessa ou do resultado. Na mente de Jesus, você aceita o convite que ele faz porque vê e deseja o caráter dele. Você deixa Jesus entrar em sua vida e mostrar-lhe como cuidar dela porque você sabe que ele não vai feri-lo. Ele é "manso e humilde de coração" e, porque sabemos disso, continuamos voltando. Por fim, conhecê-lo nos leva a um lugar de confiança onde podemos descarregar aquilo que acontece dentro de nós. A humildade dele produz vulnerabilidade que é expressa novamente em nossa própria aceitação humilde de sua oferta. Sua disponibilidade e sua habilidade são adicionais, mas sua humildade cria essa segurança para nos aproximarmos. Jesus era especialmente bom em falar a linguagem da calma.

> ***Sonhando***
> *Jesus era especialmente bom em falar a linguagem da calma.*

Jesus sabe que precisamos relaxar e nos convida a fazermos uma pausa e nos apossarmos da paz. Sua humildade converte nossa ansiedade em tranquilidade. Nele nós encontramos descanso.

Então, você aceitou humildemente o convite de Jesus? Você permite que o caráter dele expanda sua capacidade de confiar e obedecer? Você troca seu jugo pelo dele e deixa que ele lhe dê as coordenadas? Você aprende dele?

O primeiro passo para desenvolver uma humildade como a de Cristo é humildemente descarregar-se diante dele. Você não pode possuir a Cristo a não ser que esteja disposto a correr o risco de render-se humildemente a ele. Jesus gostava do método de demonstração do desenvolvimento da humildade. Dê uma olhada outra vez em suas palavras registradas em Mateus:

- Eu faço, você olha.
- Eu faço, você participa.
- Fazemos juntos.
- Você faz, eu olho.

Esse é um convite para que o "humildee" (o *trainee* em humildade, ou seja, você) tenha um relacionamento com seu "humildementor", o catedrático em humildade. Deus e homem, Salvador e pecador, Irmão-rei e servo se juntam para aprender a se tornar como ele.

Humildade, por favor

Sob o controle e gerenciamento do Espírito Santo, a humildade no estilo de Jesus possui influência pessoal. Ele sussurra: "Pare de falar de si mesmo e interesse-se pela pessoa de Deus!". Ele o convida a pegar um pouco daquele bônus que você acabou de receber e dá-lo como oferta ao ministério com carentes no qual você tem pensado. Ele o leva a conectar-se com aquela vizinha — a mãe solteira com um filho — convidando o filho dela a ir com sua família ao grande jogo no sábado que vem. Consegue sentir? A humildade diante de Deus se manifesta no controle de sua habilidade de influenciar. O problema aparece quando transferimos esse controle para um sentimento, um momento, uma conveniência, um medo ou para nossos apetites. Todos nós temos influência e vamos projetá-la sobre os outros para o bem ou para o mal. A pergunta é: como você vai usar a sua?

Você vai ser o pai que usa sua posição para intimidar, exigir e ameaçar? Ou será o homem da família que lidera mais por meio do serviço do que pela posição? Você vai ser o homem que possui riqueza para seu próprio prazer? Ou será o homem que dá ao Senhor o controle de suas finanças para o prazer de Deus? Você vai ser o homem que diz "mereço mais do que isso" ou será o homem de Deus que diz "estou disposto a esperar o teu tempo nesta questão, Senhor"? Os idiomas do poder, das condições e do egoísmo não são falados na terra da humildade. São idiomas estrangeiros que só fazem sentido para aqueles homens dados ao orgulho — que mascaram seus medos de ser verdadeiramente grandes ao desperdiçar sua influência e afluência consigo mesmos. Deus diz: "Venha a mim e eu lhe darei algo mais permanente — grandeza e glória ao ser como meu Filho. Venha a mim e aprenda comigo. Você alcançará uma grandeza que toca os outros poderosamente".

A lente da missão de Jesus na terra era a humildade — era ali que ela precisava começar. Ele teve de equilibrar sua divindade e seu ministério aos homens. Ele teve de gerenciar sua capacidade de influenciar e o propósito de seu Pai para ele. Ele teve de aprender o ritmo de possuir lealdade sem gabar-se de sua coroa. Talvez você não seja uma celebridade, mas possui influência. Do mesmo modo, talvez você não tenha um salário de seis dígitos, mas sei que você tem um capital relacional na vida dos outros. Para o homem de Deus, a grandeza na terra começa com rendição humilde — dar de si mesmo a Cristo e recusar-se a resistir a seu poder. Todo mundo começa aqui: "Humilhem-se debaixo da poderosa mão de Deus, para que ele os exalte no tempo devido" (1Pe 5.6).

> ***Sonhando***
> *Temos de cair sobre nossa face para ver a face dele.*

Temos de cair sobre nossa face para ver a face dele. Precisamos ficar por baixo na estimativa que fazemos de nós mesmos para ficar por cima na estimativa que Deus faz de nós. Precisamos refletir humildade para revelar a Cristo na terra. Quando damos esse passo, somos capazes de fazer mais por Deus e pelas pessoas do que jamais sonhamos — assim como o Rei.

4

Não será assim entre vocês

Tenha vergonha de morrer antes de ter alcançado
alguma vitória para a humanidade.
Horace Mann

Cinquenta homens se dirigiam às ruas Compton, Watts e Harbor City na região de South Central, Los Angeles. Era perceptível a animação conforme circulávamos juntos, orávamos, carregávamos nossa carga e rumávamos para o norte na Highway 5. Ajudados por alguns excelentes pastores locais, estávamos numa missão para encontrar, ajudar e encorajar mães solteiras. Cada carro estava lotado de grandes cestas de presentes, cheias de cartões, chocolates, velas, produtos para o corpo, CDs, material escolar, livros, uma Bíblia, *kits* de alimentos e algumas outras coisas femininas. No cartão de cada cesta estava escrito: "Dos pastores da sua comunidade, um presente para você", assinado pelo ministério de homens que patrocinou o evento. As apresentações reais, face a face, feitas no alpendre e nas escadas da entrada das casas, eram um pouco diferentes e mais pessoais.

Toc, toc, toc.

A porta abriu uns dez centímetros, com a corrente ainda presa.

— Olá, meu nome é Doug e estamos aqui com o Every Man Ministries. Um pastor da comunidade nos deu seu nome. Estamos aqui hoje para lhe dar esta cesta de presentes, orar por você e ver se precisa de alguma coisa.

Agora, coloque-se no lugar de uma mãe solteira afro-americana.

Toc, toc, toc.

— Quem é?

— Um grupo de homens brancos.

— Que grupo de homens brancos?

— Um grupo de homens brancos com uma cesta para você!

As palavras reais faladas por trás da porta foram mais ou menos assim: "Mãe, tem um monte de caras brancos em pé na nossa porta segurando uma caixa grande com uma baita fita. Deixo eles entrarem?".

Tracy abriu a porta com relutância. Fiz o discurso enlatado e expliquei por que estávamos ali. Demos a Tracy uma cesta especial, "só para ela". Então perguntei, como fizemos em todas as outras casas:

— Há algo que possamos fazer enquanto estamos aqui?

Com os olhos fitando o chão, ela disse:

— Bom, tem uma coisa. Acho que tem um gato morto embaixo da casa, no vão entre o piso e o alicerce. A casa inteira está fedendo. Ninguém consegue entrar lá para tirar o bicho. Os homens da prefeitura vieram, mas o rapaz não cabia na passagem e eles foram embora. Você acha que...

Antes de ela completar a frase, nós perguntamos se podíamos dar uma olhada.

> "Mãe, tem um monte de caras brancos em pé na nossa porta [...]. Deixo eles entrarem?"

Uma vez ali, entendemos por que o funcionário do controle de zoonoses desistiu tão rapidamente. O relógio de eletricidade estava instalado bem na frente da passagem, bloqueando quase completamente o acesso. Tijolos, espaço pequeno, medidor, outro espaço pequeno e mais tijolos. Ficamos ali em pé, olhando e tentando bolar uma estratégia. Um gato caberia ali. Mas, um homem? Não, não.

Tirei minha jaqueta mesmo assim e comecei a abrir caminho pelo espaço apertado. Consegui colocar a cabeça e o ombro até o meio do caminho. Mas só isso. O cheiro era terrível. Dois outros rapazes tentaram, mas o resultado foi o mesmo. Então Dennis deu um passo à frente, com um olhar determinado no rosto, segurando um saco de lixo numa das mãos. Não dei muita esperança ao meu amigo e fui para o outro lado da rua entregar outra cesta. Quinze minutos depois, ouço aplausos e gritos inundando toda a vizinhança. O som vinha da casa de Tracy.

Em pé, no meio do jardim em frente à casa dela, tão sujo e malcheiroso quanto uma lata de lixo, lá estava Dennis.

Enquanto estive fora dali, uma multidão se juntou quando Dennis conseguiu se esgueirar pela casa. Saiu de lá como um triunfante gladiador romano, hasteando o saco plástico branco de lixo com uma mão, uma silhueta felina rígida dentro do saco, e levantando o outro punho em sinal de vitória. Devíamos ter feito uma estátua de bronze dele naquele exato momento. Ele olhou para a esquerda e para a direita, exibindo-se como se dissesse "eu sou o cara!".

Tracy estava chorando. O ato de serviço de Dennis removeu qualquer dúvida sobre nosso propósito. Depois disso, ela abraçou cada um de nós de todo coração. Nós nos reunimos no alpendre de Tracy, agradecemos a Deus por aquele pequeno milagre e oramos por ela e seus filhos. Cada vez que respirasse sem sentir o cheiro naquele dia seria um lembrete para Tracy de que Deus ouve orações, faladas ou não.

Varanda após varanda, cumprimento estranho após cumprimento estranho, mãe chorando após mãe chorando, as portas continuaram a se abrir. O coração de Deus derramou-se sobre mulheres de South Central que precisavam desesperadamente de algum encorajamento e apoio de homens. Ser mãe numa situação de aperto financeiro é brutal. É três vezes mais difícil quando os homens desaparecem. Mas quando ministramos àquelas mulheres, estávamos nos arrependendo de maneira vicária por nossos irmãos, homens que contribuíram para a criação dessas ondas de dor. A maioria das mães ficou impressionada com as cestas que valiam centenas de dólares. Algumas permaneciam ali em pé, meio chocadas, enquanto os filhos pulavam de alegria tentando ver o que havia dentro. Outras desabaram, chorando nas varandas. Muitas nos disseram que fomos a resposta direta às suas orações naquela semana. Por um dia, abraços de estranhos, orações, lágrimas e conexões de alma foram experiências comuns.

A intenção é tudo.

Chame isso do que você quiser — importância, contribuição, glória, valor — era isso que todos nós queríamos. Queremos que nossas experiências sejam significativas, que façam diferença, que produzam algo que redima, queremos fazer algo que transcende a vida diária. Homens buscam todo tipo de experiências porque querem descobrir as coisas mais profundas.

A essa verdade entranhada e eterna sinto-me obrigado a adicionar que as milhares de maneiras pelas quais os homens tentam preencher essa necessidade de importância beiram o cômico. Posso ouvir um amém? De fato, quanto mais improvável, desafiadora e potencialmente perigosa for a oportunidade, mais intrigados os homens ficam. É por isso que eu sabia que não teria dificuldades em recrutar homens do sul de Orange County, um bairro chique de Los Angeles, para se juntarem a mim no projeto a ser realizado em South Central, uma área carente da cidade.

> Quanto mais improvável, desafiadora e potencialmente perigosa for a oportunidade, mais intrigados os homens ficam.

Homens brancos em Compton? "Pode me inscrever!"

"O verdadeiro heroísmo", comentou Arthur Ashe, "é notavelmente equilibrado e não dramático. Não é o desejo de suplantar todos os outros a qualquer custo, mas o desejo de servir aos outros a qualquer custo". Ele sabia. Arthur Ashe foi para o tênis na era moderna o que Jackie Robinson foi para a liga principal do beisebol — um negro que invadiu o esporte do homem branco. Os dois homens sofreram e se sacrificaram pelo restante dos atletas afro-americanos que seguiram seus grandes passos. Eles fizeram o trabalho sujo, suportaram a dor, e a presença deles garantiu o futuro dos outros. São detonadores de cultura. Eles agiram em favor de outros.

Alguém precisa quebrar o molde. Alguém tem de ir atrás do gato morto. Alguém tem de fazer o que é necessário. Alguém precisa fazer com que os outros se sintam valorizados.

O Deus que serve?

É próprio do homem querer ser servido. É próprio do Filho do homem servir. É próprio do homem de Deus refletir o Filho do homem.

> Jesus os chamou e disse: "Vocês sabem que os governantes das nações as dominam, e as pessoas importantes exercem poder sobre elas. Não será assim entre vocês. Ao contrário, quem quiser tornar-se importante entre vocês deverá ser servo, e quem quiser ser o primeiro deverá ser escravo; como o Filho do homem, que não veio para ser servido, mas para servir e dar a sua vida em resgate por muitos".
>
> Mateus 20.25-28

Poderíamos nos perder numa ótima teologia presente aqui, mas, para nossos propósitos, há cinco palavras neste versículo nas quais vamos nos concentrar, todas ligadas a esse aspecto da semelhança a Cristo. São elas: "como o Filho do homem".

Na era de ouro da NBA, a liga nacional americana de basquete, também conhecida como a era Michael Jordan (M. J.), havia um anúncio de televisão produzido em torno de M. J. e os sonhos de meninos sobre o basquete. Os anúncios mostravam cenas dos movimentos de M. J. desafiando a gravidade, terminando sempre iguais: a bola voando, caindo ou sendo enterrada na cesta. O modo como ele jogava, a maneira como arremessava a bola e a forma como ele enterrava eram novas, inovadoras e muito legais. Ele virou o basquete de cabeça para baixo e elevou um jogo familiar a um nível completamente novo. Ele era para o basquete o que o Super-homem é para os super-heróis, o que Mickey Mouse é para a Disneylândia. Os comerciais de televisão alternavam entre M. J. e os sonhadores. Víamos as imagens dele na NBA e, então, os movimentos dos meninos nos *playgrounds* e, depois, os homens na porta das garagens. Todos queriam "ser como Mike". O cara era um show de talentos do atletismo. Os marqueteiros dos esportes despertavam nossa admiração e o caixa engordava. O que exatamente eles evocavam?

- Aspiração — nosso desejo de ser grande.
- Inspiração — nossa necessidade de ter uma visão de grandeza.
- Veneração — nosso anseio por um objeto de grandeza.
- Imitação — nosso desejo de duplicar o estilo ou o comportamento de grandeza.

Os discípulos sentiam a mesma coisa em relação a Jesus. Eles aspiravam ser como ele. Eles o viram em ação. Fizeram dele o objeto. Mas era comum pularem a última parte: a imitação. Substituíram isso pela ambição egoísta. Confundiram a grandeza deles com aquilo que tornou Jesus grande. Entraram em discussões e desacordos sobre quem seria apontado para uma secretaria na administração de Jesus. Muito embora o tivessem visto curar o doente, servir aos desprezados e pregar o reino, não estavam entendendo. Prenderam-se à atividade que o serviço dele produziu, e não a ele próprio. Posição e poder substituíram serviço e sacrifício no coração deles, e era hora de uma reunião cuja pauta era literalmente "venham a Jesus".

O veludo de sua graça foi retirado para essas conversas. O cinto da verdade precisava ser aplicado sobre os fundilhos espirituais deles. Se quisessem ser grandes, eles precisavam deixar uma coisa clara: você nunca é maior do que quando está agindo em favor de outras pessoas.

Dicas de serviço

Jesus colocou mais do que algumas minas terrestres na mente dos discípulos para desestabilizar seu pensamento disfuncional sobre glória e grandeza. Jesus colocou o dedo no peito dos discípulos. Ele quis ter certeza de que eles o estavam sentindo.

> Pois quem é maior: o que está à mesa, ou o que serve? Não é o que está à mesa? Mas eu estou entre vocês como quem serve.
>
> Lucas 22.27

Dica de serviço: O homem de Deus abre mão de sua bendita segurança e serve.

> Os mestres da lei e os fariseus se assentam na cadeira de Moisés. [...] Eles atam fardos pesados e os colocam sobre os ombros dos homens, mas eles mesmos não estão dispostos a levantar um só dedo para movê-los. [...] O maior entre vocês

> deverá ser servo. Pois todo aquele que a si mesmo se exaltar será humilhado, e todo aquele que a si mesmo se humilhar será exaltado.
>
> Mateus 23.2,4,11-12

Dica de serviço: Não bajule Deus em busca de reconhecimento pessoal. Esqueça o reconhecimento pessoal e se disponha a agir em favor dos outros.

> Assim, levantou-se da mesa, tirou sua capa e colocou uma toalha em volta da cintura. Depois disso, derramou água numa bacia e começou a lavar os pés dos seus discípulos, enxugando-os com a toalha que estava em sua cintura. [...] Quando terminou de lavar-lhes os pés, Jesus tornou a vestir sua capa e voltou ao seu lugar. Então lhes perguntou: "Vocês entendem o que lhes fiz? Vocês me chamam 'Mestre e Senhor', e com razão, pois eu o sou. Pois bem, se eu, sendo Senhor e Mestre de vocês, lavei-lhes os pés, vocês também devem lavar os pés uns dos outros. Eu lhes dei o exemplo, para que vocês façam como lhes fiz. Digo-lhes verdadeiramente que nenhum escravo é maior do que o seu senhor, como também nenhum mensageiro é maior do que aquele que o enviou. Agora que vocês sabem estas coisas, felizes serão se as praticarem".
>
> João 13.4-5,12-17

Dica de serviço: Se não há nenhum ato de serviço abaixo do Deus-homem, então certamente não há nenhum abaixo do homem de Deus.

Acho que, depois dessa, eles captaram a mensagem. No Pentecostes, a mensagem e o caráter de Jesus se aglutinaram no batismo do Espírito Santo, que iniciou uma explosão de serviço para Deus e para as pessoas (veja Atos 2–4).

Na vida de um homem, autoridade e serviço costumam ter um relacionamento inverso. Quanto mais autoridade, posição e poder alguém possui, mais esse homem é servido. Esses caras recebem novos títulos e assistentes, novas salas e vagas de estacionamento, além de montanhas de bajulação e comodidades. Em algumas culturas, os homens nem sequer precisam de poder ou posição para receber servidão. Você precisa simplesmente ser homem. A ausência de uma autoridade mais elevada provoca deferência automática àqueles com qualquer nível de poder. Isso é chamado de ordem hierárquica.

> ***Sonhando***
> *A verdadeira autoridade é serva.*

Vemos o oposto em Jesus — a Autoridade serviu, e preferiu fazer tudo pessoalmente. Veja-o nos evangelhos. Estude-o. Ele aparece, aconselha, toca, cura, expulsa demônios, atua como mentor de homens, encoraja, prepara café da manhã, abraça crianças. Jesus quebra as regras para servir em pessoa; ele não dá dinheiro para que outra pessoa possa servir. Seu serviço foi um sinal de que ele estava operando debaixo de uma autoridade mais elevada que o liberava para perceber, levantar-se e fazer o que fosse necessário em qualquer dado momento sem consideração de homem. Ele se destacava de maneira tão radical porque seus contemporâneos haviam abandonado seus postos.

Você segue o Rei que serve. O sonho que ele tem para você é que você se una a ele.

> Ensina-nos, bom Senhor, a servir como desejas,
> A dar, e não calcular o custo,
> A lutar e não prestar atenção às feridas,
> A labutar e não buscar o descanso,
> A trabalhar e não pedir recompensa
> A não ser saber que estamos fazendo a tua vontade.

Inácio de Loyola

Relacionamento com os desprezíveis

Gosto de estar com pessoas que são como eu. É mais fácil estar com pessoas que pensam do mesmo modo — é confortável e evita conflitos. Mas aprendi a também ser energizado por pessoas de fora da minha zona de conforto. A Bíblia ensina que nosso círculo principal de amigos e conselheiros deve ser composto por pessoas espiritualmente semelhantes a nós, mas nosso foco sobre o servir a outros deve se estender bem além dessas fronteiras. Quando você vê a atuação de Jesus, percebe que ele está constantemente quebrando as regras que dizem com quem você deve passar seu tempo. Muitas vezes os discípulos não conseguem lidar com a liberdade com a qual ele se move e atua em seu serviço. Jesus não está preso à cultura. Não está restrito pela opinião dos homens. Em vez disso, ele é guiado pela compaixão.

Quando a questão é a quem você serve, o verdadeiro teste não acontece quando você está com amigos ou familiares; é quando você está com os "estrangeiros" — em termos culturais, sociais ou espirituais (muito embora, às vezes, minha própria família pareça estrangeira). Nesse sentido, nosso Rei foi contracultural. Vejamos: mulheres, crianças, prostitutas, coletores de impostos, pecadores, bêbados e leprosos (para citar alguns) foram honrados por sua presença, encorajamento e ajuda. Essas eram pessoas a quem os outros jogavam dinheiro, mas pelas quais nunca sacrificavam tempo ou energia. Abraham Heschel disse isso da seguinte maneira em *A Passion for Truth* [Paixão pela verdade]: "O teste do amor reside na maneira como alguém se relaciona não com os santos e com acadêmicos, mas com os desprezíveis". Jesus se sentia claramente atraído pelos desprezíveis e, porque pertencia unicamente a Deus, estava mais livre do que todos os homens ao seu redor para se envolver e se conectar com "aquela gente". Estava livre para servir exatamente porque era escravo de todos. Podia abrir mão de comida, abandonar os tabus culturais e opor-se aos ataques baseados em religião porque sua identidade primária estava no Pai.

O apóstolo Paulo era muito parecido com Jesus nesse sentido. Você pode ver Jesus vazando de Paulo conforme sua identidade em Cristo o liberta para ser escravo de todos. Ele está livre para servir a qualquer um a partir de sua obrigação de servir a uma plateia de uma única pessoa. Não há limites para o serviço de Deus.

> Porque, embora seja livre de todos, fiz-me escravo de todos, para ganhar o maior número possível de pessoas. Tornei-me judeu para os judeus, a fim de ganhar os judeus [...] Para com os fracos tornei-me fraco, para ganhar os fracos. Tornei-me tudo para com todos, para de alguma forma salvar alguns.
>
> 1Coríntios 9.19-20,22

Este é o código de conduta de Paulo como servo de Cristo: ele pertence a todos os homens como um servo porque ele pertence a Jesus. Assim como não há limites para os descrentes, não há limites entre ele e aqueles a quem ele é chamado a servir. Seu passaporte está carimbado apenas por Deus enquanto ele exorta o povo de Deus a lembrar-se de sua identidade e a agir de acordo com ela. Ele serve ao corpo de Cristo sem barreiras.

> Não mintam uns aos outros, visto que vocês já se despiram do velho homem com suas práticas e se revestiram do novo, o qual está sendo renovado em conhecimento, à imagem do seu Criador. Nessa nova vida já não há diferença entre grego e judeu, circunciso e incircunciso, bárbaro e cita, escravo e livre, mas Cristo é tudo e está em todos.
>
> Colossenses 3.9-11

Assim como Cristo transcende todas as barreiras e unifica todas as pessoas, de todas as culturas, do mesmo modo o homem de Deus não faz distinções.

> Cristo transcende todas as barreiras e unifica todas as pessoas, de todas as culturas.

A alegação de Shakespeare de que "o mundo todo é um palco, e todos os homens e mulheres são meros atores" é biblicamente consistente. A história é um pensamento capturado, uma encenação de uma aventura épica — e todos nós devemos desempenhar nossa parte. E, no final, existe uma volta ao palco para receber os aplausos. De acordo com a Bíblia, a chave é ter consciência dessa dinâmica e tomar parte ativa nela. Nossa história está dentro da história de Deus.

"Porque somos criação de Deus realizada em Cristo Jesus para fazermos boas obras, as quais Deus preparou antes para nós as praticarmos" (Ef 2.10). É estranho pensar sobre minha história como uma expressão artística de Deus, mas é exatamente isso que está reservado ao homem do Criador. Nossa vida é uma criação de Deus e as escolhas que fazemos são parte do drama que ele está escrevendo. O que é difícil de compreender para mim é que vou tomar parte da cena final em função das escolhas que faço agora.

Tome cuidado: forças opostas estão em ação para fazer com que você sirva a si mesmo. Mas Jesus disse: "Não será assim entre vocês". Garanta a vitória para alguma outra pessoa, assim como Jesus garantiu a vitória para você.

5

Aguente o tranco

O que nos torna ricos não é o que acumulamos,
mas aquilo do que abrimos mão.
HENRY WARD BEECHER

— Kenny, é o Bill.

— Oi, Bill. E aí?

— Escuta, Kenny, você tem um minuto? Preciso fazer uma pergunta sobre uma coisa.

Pausa.

— Claro, manda bala — disse eu.

Era mentira. Uma resposta totalmente franca seria: "Não, não tenho um minuto, nem sequer um segundo. Acabei de sair de uma reunião da diretoria, estou debaixo de uma pressão enorme para finalizar este projeto e estou ficando chateado com todas essas interrupções!". Essa era a minha realidade. Mas não faria Bill sofrer por aquilo que ele não sabia. Gosto muito daquele rapaz. Sendo assim, menti. (Será que isso é errado?)

Depois de colocar minha agenda mental no altar, Bill compartilhou comigo o que estava lhe causando uma febre espiritual.

— Liderei um grupo de rapazes adolescentes ano passado na igreja — explicou ele. — Todos os cinco se inscreveram de novo neste ano e querem que eu seja o líder deles. A igreja prometeu que eu teria outro líder para me ajudar, mas acabei de descobrir que tudo vai ficar nas minhas costas. Devo dizer sim, mesmo diante disso? Brian [seu filho, que está na oitava série] quer muito que eu lidere o grupo, mas quero ter certeza de que estou fazendo isso com a motivação correta e não apenas por obrigação. Há um monte de coisas passando pela minha cabeça neste momento.

Enquanto Bill me falava sobre sua preocupação, pensei na conversa que acabara de concluir — com Deus. Sessenta segundos antes, eu havia orado sobre um probleminha meu, dizendo: "Pai, o Senhor pode me ajudar a encontrar uma boa história sobre sacrifício?". Eu havia escrito a palavra *sacrifício*. Ao lado dela, escrevi: *sofrer perda; desistir; renunciar em favor de um ideal, de uma crença ou de um fim.* Já viu como Deus tem senso de humor? Bill não podia me ver, mas eu estava chacoalhando a cabeça, com um grande sorriso no rosto, enquanto ele me apresentava seu dilema.

— Bill, estou mais sobrecarregado que nunca. Preciso de um pouco de limite em minha vida.

Eu compreendia Bill, mas também pensava na maneira como todos os homens devem, nas palavras de Andrew Jackson, "pagar o preço para garantir a bênção". Era a parte da bênção que eu não queria que Bill perdesse, o que significava que eu precisava lhe dizer o que sua fé — e não seus sentimentos — precisavam ouvir. Estava claro que Bill procurava algum apoio para fazer o que ele sabia que precisava fazer: sacrificar seu próprio conforto em nome do filho e daqueles rapazes. E eu estava impressionado de verdade com Bill e o relacionamento que ele tinha com seu filho. Quando eu estava na oitava série, optar por deixar meu pai falar a todos os meus amigos semana após semana só perderia para ser pego em público com as roupas de baixo. Para Bill, porém, esse era um

Já viu como Deus tem senso de humor?

grande presente e ele precisava saber quão rara era uma oportunidade como essa. Não me contive.

— Em primeiro lugar, é impressionante que meninos da oitava série queiram escalar a montanha com você de novo! Isso diz muito a seu respeito. O mais importante é que penso em Brian daqui a uns cinco anos, depois da formatura do ensino médio, saindo de casa para começar a vida como adulto. Imagine você sentado na plateia, com Carol torcendo, olhando para Brian lá embaixo, andando pelo palco com capelo e beca. Naquela hora, olhe para trás, para este momento que você está vivendo, e pergunte a si mesmo se valeu a pena abrir mão de tantas coisas para orientar Brian e seus amigos quando estavam na oitava série.

Bill ficou calado por alguns poucos segundos e então o ouvi suspirar.

— Nunca me arrependo. Na verdade, depois de tudo, me sinto ótimo. Obrigado. Precisava ouvir isso.

Ele continuou falando, persuadindo a si mesmo sobre o assunto. Apenas ouvi, observando o medo de Bill ser derrotado pelo desejo de ser importante. Ele tinha de determinar o que valia a pena antes de se comprometer a fazer um sacrifício por aquilo. E, assim que o fez, não precisou mais de mim. A responsabilidade desconstruiu o dilema para o homem de Deus. Em pouco tempo, não havia mais dilema. Todas as negações haviam desaparecido. O sacrifício transformou-se numa obrigação positiva, criando uma perspectiva positiva. Ele teve de trabalhar a questão em sua mente, considerar seus sentimentos e, agora, a relutância havia desaparecido. Seu raciocínio: uma decisão voltada para si mesmo o teria matado. Em vez disso, o sacrifício que fez por seu filho permaneceria.

Bill estava vazando Jesus — ele aguentou o tranco em favor do céu. Ele abriu mão intencionalmente do tempo de descanso depois do trabalho em nome de algo melhor. Sentiu-se estranho, mas bem em relação a sua decisão. Por quê? É aquilo do que ele abriu mão que o torna rico e que o ajuda a realizar o sonho de Deus para sua vida. Ele se apegou ao sonho de Deus ao deixar de lado seus próprios sonhos. Ele encontrou Cristo ao perder. Isso vai ao contrário da intuição, mas faz todo sentido do mundo através de seus olhos da fé. Sua feição está se transformando. Ele deixa de ser Bill ao tornar-se alguém novo — um homem de Deus.

O filho, a propósito, vai ouvir apenas uma coisa: "Estarei ao seu lado". O filho de Bill talvez nunca saiba o que seu pai passou para poder estar ali, e não deve saber. Só Bill sabe, e é por isso que se chama sacrifício: é uma abdicação pessoal conhecida apenas por aquele que a faz. Ninguém mais deve entendê-la plenamente no momento em que ocorre. É feita sem recompensa, benefício ou percepção imediatos. Receberemos a recompensa por nosso sacrifício no futuro.

Os sacrifícios são o esmeril que afiam o caráter. Um esmeril solta faíscas quando a lâmina é afiada. A peça provoca fricção, mas a fricção é o que provoca os resultados. Ou, então, analise a situação da seguinte forma:

> O porco e a galinha iam tomar café da manhã e tentavam decidir o que fariam. A galinha disse: "Vamos comer presunto e ovos". O porco replicou: "Para você, tudo bem; é uma pequena doação de sua parte, mas é um sacrifício total para mim".

Para mim, o porco foi simpático demais — ele levaria o tranco maior. Com os níveis adequados de testosterona, Porcino teria dito: "Você quer presunto? Eu vou lhe dar presunto!". Em seguida, teria levado a sra. Galinha para trás da casa do seu Lobato, aquele que tinha um sítio na canção infantil, e arrancado o "i-a-i-a-ô" dela. A audácia da sugestão da galinha sugere que ela não estava pensando em quem estava ao seu lado, e reagia tendo apenas seu próprio conforto em mente. Mas o irmão suíno não era codependente de sua colega galinácea. Ele deixa claro que uma doação sem sacrifício não é significativa. De fato, é a boa e velha autopreservação.

> Doação sem sacrifício não é significativa.

Quando fazemos qualquer coisa importante, a realização do custo pessoal é o desafio. Aceitar o custo significa sacrificar-se. A versão de Bill dessa história termina com o porco se tornando um porco que age de bom grado.

Alegria posterior

Os homens odeiam adiar o prazer. À espera de alguma coisa? Oh, me inclua na lista! (cof, cof.)

Somos criaturas do momento porque somos criaturas da carne. E a carne conhece apenas um contínuo espaço-tempo: *aqui, agora*. Contudo, se eu tiver uma certeza do pagamento futuro, uma promessa de que a cavalaria está chegando, uma data de entrega confiável do sonho, então posso suportar muita coisa. Para que o sonho de Deus seja realizado em sua vida, o treinamento tem mais a ver com paciência do que com rapidez. Somos chamados a suportar muita coisa e a sacrificar experiências, momentos e épocas em favor de um pagamento que talvez não venha nesta vida. Por quê? Porque a paciência por meio do sacrifício foi a expressão e o caráter de Jesus.

Querer a Cristo significa querer tornar-se um homem que pode sacrificar o que for a qualquer momento. E quando fazemos as pazes com isso, o sonho de Deus para nós progride. Qualquer tentativa de misturar os sonhos da terra com o sonho de Deus em Cristo vai forçá-lo a perder espaço para o reino, e você vai ter dificuldades, querendo marcar um gol do meio do campo em vez de conduzir a bola até a área. Tentar fazer as duas coisas não leva à disputa da final do campeonato de importância.

A boa notícia é que Deus não nos pede para fazer sacrifícios simplesmente pelo sacrifício em si (masoquismo). Ele nos "estimula". Jesus apresentou a estrutura do incentivo: "Busquem, pois, em primeiro lugar o Reino de Deus e a sua justiça, e todas essas coisas lhes serão acrescentadas" (Mt 6.33). Ou seja, fazer continuamente o que envolve atos de autolimitação.

Enquanto o homem de Deus G. K. Chesterton estava elaborando toda essa ideia de sacrifício, chegou a uma conclusão radical em seu livro *Ortodoxia*:

> Cada ato de vontade é um ato de autolimitação. Desejar uma ação é desejar uma limitação. Nesse sentido todas as ações são ações de sacrifício de si mesmo. Quando você escolhe uma coisa qualquer, você rejeita tudo o mais.[1]

E quando nos autolimitamos em favor dos planos de Deus, a promessa forte e simples (de acordo com Jesus) é que nossos sacrifícios serão honrados por Deus no tempo dele, da maneira dele. Foi assim que Jesus viveu sua vida e é assim que ele deseja que vivamos a nossa.

A vida no estilo "não seja como eu quero, mas sim como tu queres" é uma vida de autolimitação em favor de uma causa e de um pagamento. A pergunta é: você está disposto ao sacrifício com o objetivo de garantir a bênção de tornar-se como Cristo?

Uma característica definidora de todo homem que busca a grandeza é esta: ele sacrifica para garantir uma bênção. Não sacrificar é perder a recompensa. Ele está tanto em condição de ganhar como de perder recompensas com base naquilo de que está abrindo mão. O encorajamento, o exemplo e a experiência forte de Cristo estão profundamente conectados a nossa própria disposição de viver uma vida de sacrifício contínuo, uma vida conduzida pela sólida expectativa de que nossos sacrifícios para Deus na terra serão ricamente recompensados.

O sacrifício e a glória tinham um poder simbiótico para o Filho de Deus. Eram duas experiências separadas e singulares que trabalhavam misteriosamente juntas para a grandeza no presente. Essa mesma conexão entre sacrifícios atuais e glória futura tem o propósito de estar igualmente em você à medida que você busca grandeza no poder de Deus.

> Visto que temos uma multidão de testemunhas ao nosso redor, afastemos de nós qualquer coisa que nos torne vagarosos ou nos atrase, e especialmente aqueles pecados que se enroscam tão fortemente em nossos pés e nos derrubam; e corramos com perseverança a corrida que Deus propôs para nós.
>
> Mantenham o olhar firme em Jesus, autor e consumador da nossa fé. *Ele esteve pronto a padecer uma morte vergonhosa na cruz por causa da alegria que sabia que teria depois*; e agora está assentado à direita do trono de Deus. Se vocês querem evitar se sentirem desanimados e cansados, pensem na resignação dele enquanto homens pecadores faziam essas coisas tão terríveis com ele.
>
> Hebreus, 12.1-3, NBV, grifos do autor.

> ***Sonhando***
> *Se estivermos dispostos a sacrificar agora para Deus, experimentaremos a alegria de nossa recompensa posteriormente.*

Cada coisa da qual você abre mão em função de seu relacionamento com Deus é uma oportunidade de glorificá-lo:

- Uma atitude.

- Um comportamento.
- Uma resposta.
- Um conforto.
- Um direito de revidar.
- Um sentimento.
- Um impulso.
- Uma oportunidade de controlar.
- Uma chance de obter poder.
- Uma porção de seu tempo.
- Um padrão de sua vida antiga.
- Um bônus financeiro.
- Uma liberdade.
- Uma maneira de fazer algo.
- Uma oportunidade de ouro.

Existem muitos conceitos excelentes, na passagem acima, que descrevem o sacrifício heroico de Cristo sobre a cruz. Mas as três palavras que fazem uma declaração de vida sobre ele na área do sacrifício são: "Ele esteve pronto". Do início ao fim ele estava fazendo sacrifícios. Desde que deixou o céu para vir à terra até a maneira como deixaria a terra para voltar ao céu, tudo foi um grande sacrifício seguido por uma gigantesca celebração e coroação: agora ele está "assentado à direita do trono de Deus" no céu. Ele está no lugar onde a glória habita por meio de seus sacrifícios.

> A estrada que leva à glória é pavimentada com sacrifício.

A estrada que leva à glória é pavimentada com sacrifício.

Atos da vontade

Acordamos às 3h da manhã. Nosso voo sairia às 6h, então seria uma correria só para sair do hotel às 3h30 rumo ao aeroporto, devolver o carro alugado, pegar o transporte até o terminal, fazer o *check in* e seguir para nosso portão. Nossa equipe ministerial havia acabado de concluir uma conferência de dois dias na Carolina do Norte. O efeito da conferência foi tremendo: muitas decisões por Cristo, muitas reconsagrações ao Senhor, bem como 25 novos grupos de estudo bíblico para homens implantados na comunidade. Voltar para casa depois de uma conferência como essa é sempre uma tortura. É como voltar da guerra, após um tiroteio intenso de 48 horas de duração, e tentar reservar alguma energia depois da batalha. A sensação de ainda estar num campo de batalha persiste, mas a mente e o corpo estão acabados. Quando volto para casa, carrego mais fadiga do que bagagem.

O objetivo simples: encontrar um refúgio e dormir.

No primeiro trecho, eu tive, digamos, sucesso parcial. Dei algumas cochiladas, mas elas só me deixaram mais tonto e confuso. Minha cabeça parecia um saco de cimento drogado: peso morto, mas cheio de pensamentos e preocupações desconexas. Quando fizemos a conexão em Dallas, meu assento ficava perto da saída — fiquei radiante: espaço para as pernas!

Você sabe como é o esquema: embarque em grupo, a boiada seguindo para seu lugar. Em silêncio (e de maneira bem egoísta), orei pedindo que a pessoa que iria se sentar no lugar entre o rapaz de cavanhaque da poltrona 19-A e eu tivesse sofrido algum contratempo. Qualquer tipo serviria. Apenas para que isso o impedisse de ocupar espaço na fileira de assentos. Para meu prazer infinito, a pessoa da 19-B nunca apareceu. *Yes!*

Dei uma olhada no cara da 19-A, atolado em papéis e trabalho. "Ótimo", pensei. "Vou dar uma lida nas avaliações da conferência até conseguir dormir e, assim, talvez eu não esteja tão chato nem tão incômodo para Chrissy e as crianças quando chegar em casa daqui a três horas".

Eu estava bastante ocupado, com uma caneta na mão, fazendo anotações, olhando papéis, conversando com um colega na fileira do outro lado do corredor. Depois de trinta minutos, senti o cansaço bater. Iminência de desligamento total. Feliz da vida, arrumei minhas avaliações, reclinei o assento e comecei a colocar os fones de ouvido quando percebi um rosto à minha esquerda se inclinando na minha direção.

Lá vem!

— Achei que fosse o único trabalhando duro num final de semana — disse ele.

"Ah, não. Ele está puxando conversa! Estou tão esgotado. Não consigo conversar com mais ninguém", pensei.

— Bem, pois é. Além de todas as outras coisas, tenho prazo para terminar de escrever um material — disse eu. Dei uma olhada rápida no manual que ele estava lendo antes da conversa e percebi que trabalhava na mesma área de um amigo meu, a geotecnologia. Quais são as chances de algo assim acontecer? Desse modo, procurei obter as informações usuais, em busca de conexões. Ele descobriu que eu realmente entendia do trabalho dele e começamos a falar sobre engenharia. Estava procurando uma boa deixa e a única que consegui imaginar foi a do Mestre Projetista que ama esse cara e que quer conhecê-lo. Assim, decidi compartilhar com ele a história de engenharia que uso para explicar a fé.

Um cochilo? Não, não, não. Adeus, cochilo.

Resulta que Mike, meu amigo engenheiro, estava passando por uma crise familiar e estava à procura de soluções para ajudar um membro da família.

— Quando a engenharia é instável do lado de dentro — disse-lhe — a infraestrutura balança. Quando estiver sob pressão, ela desaba, resultando em várias formas de dano e destruição.

Portanto, o que você precisa fazer é verificar a engenharia do caráter, o que explicará a conduta, e trabalhá-la de trás para frente. Entende? Você vai atrás do caráter para fazer a reengenharia da conduta.

Reclinei-me. "Uhu, aha! Essa foi boa." Estava feliz comigo mesmo.

Mas Deus não estava.

De repente, o Espírito Santo me pressionou para continuar. Segui em frente, dando uma versão rápida do meu testemunho, e perguntei na lata se ele já havia tomado uma decisão como aquela.

Pulei do penhasco e esperei...

Mike me disse que ele e seus colegas professores universitários discutiam religião e filosofia regularmente, e havia uma pergunta que permanecia sem explicação: qual é a principal diferença entre o cristianismo e o restante das grandes religiões mundiais? Para ele, todas eram iguais. Tudo bem.

Quinze minutos depois, fui levado a fazer não apenas uma pergunta, mas *a* pergunta:

— Então, Mike, você já fez algo como uma oração a Jesus Cristo para iniciar uma relação com ele?

— Não.

— E o que o impede?

— Com base no que você acabou de me dizer, nada.

Sorri.

— Então pegue minha mão, curve sua cabeça e repita minhas palavras para convidar Cristo a entrar em sua vida.

— Tudo bem, vamos lá.

Depois de orarmos, trocamos números de telefone para planejar uma futura reunião. Eu o convidei para minha próxima conferência e ele disse que iria. Disse que lhe enviaria uma Bíblia e que um amigo meu de uma igreja da região dele ligaria para falar de um grupo de homens ao qual ele poderia se juntar. Ele era todo sorriso e estava bastante agradecido.

Ele também era um fruto pronto para ser colhido.

Quando saímos do avião, um casal atrás de mim disse: "Você estava ocupado!". Eles disseram que estavam orando por minha conversa com aquele cara, e se alegraram quando lhes disse como ele havia entregado a vida a Cristo. Enquanto seguimos para a esteira de bagagem, eu continuava dizendo "uau!". Eu não estava num bom lugar. Não estava "no clima". Queria me desligar, desplugar e me isolar. Não estava animado com a oportunidade. Não estava com vontade de evangelizar o homem da 19-A.

Não estava com vontade de evangelizar o homem da 19-A.

No final, porém, fiquei disposto.

O "uau" expressava meu estado de incredulidade. O fato de Deus saber da minha condição e de me chamar para ir além, confiar, obedecer e sacrificar meu momento de conforto provou para mim que a tapeçaria da salvação é tecida com o fio do sacrifício. Alguns minutos, algumas palavras, algumas histórias. O "uau" refletia a aparição nada sobrenatural de um momento bastante sobrenatural quando menos esperávamos. O "uau" expressava meu temor sadio quando percebi o que teria acontecido se tivesse me voltado para dentro quando voltar-me para fora era o necessário. O "uau" transmitia minha alegria por ter feito a escolha certa. E o "uau" descrevia o olhar no rosto dos membros da minha família enquanto estávamos todos sentados na cama de minha filha Cara e eu lhes contava a história naquela noite.

Da exaustão para a salvação. Uau.

Finalmente, depois disso, dormi. O final perfeito para um dia perfeito.

Você não pode viver um dia perfeito sem fazer algo por alguém que nunca será capaz de lhe pagar por isso.

John Wooden

Glória futura

Jesus fez muitos sacrifícios. Ele sacrificou tempo, energia e esforços. Sacrificou os confortos do lar para se conectar a pessoas. Sacrificou o reconhecimento dos homens pela reconciliação dos homens com Deus. Sacrificou energia para cuidar dos outros, confiando que Deus lhe reporia as forças no momento devido. Sacrificou o direito de vingar-se de seus assassinos. Sacrificou coisas terrenas como reconhecimento, conforto, aprovação, prazeres, poder e posses. Fez isso ciente de que seus sacrifícios não deixaram de ser notados. Além disso, ele sabia que, acima do reconhecimento, haveria celebração. Sabia que estava marcando pontos para Deus na terra, e não fugindo da raia, perdendo vantagem ou se contentando em fazer o mínimo necessário. Ele até mesmo se dispôs a ir até o fim e realizar o mais custoso de todos os sacrifícios sobre o altar do livre-arbítrio dos outros, e não tentou forçar ninguém a ir para o céu.

Todo sacrifício feito para Deus é um gol marcado. Bonito ou não. O sonho que ele tem para você é criar um homem que está disposto a fazer o que for preciso pelo reino — num casamento, no trabalho, num acidente, nos países subdesenvolvidos ou no assento 19-A. Em contrapartida, o caráter de Cristo não pode se formar no coração de um homem que não esteja disposto a sacrificar as coisas da terra pela glória do céu. A chave para o

> ***Sonhando***
> *O exemplo derradeiro vive dentro de você.*

verdadeiro sacrifício é crer que a glória de Deus é mais importante que qualquer outra coisa da qual você esteja abrindo mão.

O exemplo derradeiro vive dentro de você e sonha com o dia em que compartilhará com você essa mesma glória.

> Meu tempo está quase terminado. Daqui a pouco eu estarei a caminho do céu. Muito tempo lutei incansavelmente por meu Senhor e no meio de tudo eu me conservei fiel a ele. E agora chegou a hora de eu parar de lutar e descansar. Lá no céu me espera uma coroa de justiça, a qual o Senhor, o justo Juiz, me dará naquele grande dia. E não só a mim, mas a todos aqueles cujas vidas mostram que eles estão aguardando a sua vinda.
>
> 2Timóteo 4.6-8, NBV

Faça o sacrifício hoje.

6

Plenamente qualificado

> Ouse, ouse, meu querido irmão em Cristo, seguir o Capitão de sua salvação, que foi aperfeiçoado por meio dos sofrimentos.
>
> George Whitefield

John Sidney McCain III é um homem público. Ele é filho e neto de dois almirantes da Marinha norte-americana. Ambos foram heróis, um em Okinawa, no Japão, e o outro no Vietnã. Ele é um aviador naval, no Japão, experiente que escapou por pouco da morte em várias ocasiões e que consolidou uma reputação de alguém que assume riscos.

Ele possui grandiosas e bizarras histórias de sobrevivência. Certa vez, ele foi forçado a ejetar de um avião avariado depois de um foguete ter sido acidentalmente lançado do convés de um porta-aviões e ter atingido seu avião quando ele estava decolando. Ele pulou no meio das chamas quando as bombas de seu próprio avião entraram em ignição e explodiram.

Ele pulou no meio das chamas quando as bombas de seu próprio avião entraram em ignição e explodiram.

Você consegue imaginar a adrenalina?

Aqui está um homem com *status* de herói. Veterano de guerra e servidor militar condecorado, entre suas honrarias se incluem a Estrela de Prata, a Estrela de Bronze, a Legião de Mérito, o Coração Púrpura e uma Cruz de Distinção de Voo. Ele é um G. I. Joe vivo[1] — um homem de proezas míticas. Seu passado o levou a uma carreira política estelar como senador dos Estados Unidos pelo estado do Arizona desde 1986 e recentemente a candidato à presidência da república.

Contudo, essas realizações não são a razão para o tamanho respeito que o mundo lhe tributa. A América possui muitos veteranos condecorados e políticos de valor. Até mesmo heróis. Mas John McCain se destaca por sua experiência como prisioneiro de guerra e pelo sofrimento que suportou por cinco anos e meio no famoso Hanói Hilton, no Vietnã do Norte.

Os detalhes foram amplamente reportados:

- Em 26 de outubro de 1967, o avião A-4 Skyhawk de McCain foi derrubado sobre o lago Truc Bach. Ele quebrou os dois braços e as duas pernas depois de ejetar de seu avião.
- Foi encontrado pelo inimigo, cercado e deixado nu.
- Foi então torturado pelos captores norte-vietnamitas, que esmagaram seu ombro com a coronha de um rifle e perfuraram sua virilha e seus pés com uma baioneta antes de o levarem à prisão de Hao Lo, também conhecida de forma vergonhosa pelos prisioneiros de guerra norte-americanos como Hanói Hilton.
- Era interrogado diariamente e espancado até ficar inconsciente quando se recusava a fornecer informações a seus captores.
- Recusou uma oferta de repatriação, uma exceção especial concedida ao filho de um almirante naval, e escolheu prolongar sua estada no "Hilton".
- Sob tortura, assinou uma declaração de propaganda que, mais tarde, foi considerada inútil pelo inimigo. Quando tentaram fazer com que McCain assinasse uma declaração em condições de uso, ele recusou-se terminantemente e, por conta disso, sofreu três espancamentos por semana.
- Foi liberto do cativeiro em 1973.
- Até hoje, John McCain não consegue erguer os braços acima dos ombros devido às múltiplas fraturas sofridas nos espancamentos.[2]

A partir desses detalhes, podemos entender por que a experiência de John McCain transcende a ele próprio e a comparações simples de dor e angústia. Ele provavelmente seria o primeiro a destacar que é um entre muitos que sofreram e que teve a felicidade de sobreviver ao cativeiro enquanto muitos perderam a vida. Não, a verdadeira influência, o verdadeiro poder de um homem reside na junção de experiência, personalidade, posição de liderança e circunstâncias. Ainda que o ceticismo obscureça a reputação da maioria dos líderes, existe um respeito, uma reverência e um conceito elevado em relação a esse homem por todo o espectro político.

O que distingue John McCain é o fato de poucos homens possuírem a experiência pessoal que causa impacto sobre suas escolhas no gabinete político. Ele é respeitado de maneira diferente, é ouvido de maneira diferente, e é capaz de alcançar o que poucas pessoas em Washington podem requerer: *a suspensão de qualquer dúvida sobre sua lealdade*. As pessoas podem questionar ou discordar de suas ideias, mas ninguém pode questionar sua lealdade. Por quê? Porque quando se trata dos tópicos de liderança, liberdade, independência, relações internacionais e coragem, sua estada no Hanói Hilton o qualificou para falar de modo mais preciso e apaixonado do que praticamente qualquer pessoa.

O sofrimento de McCain concede a ele um apelo e um caráter autênticos. A astúcia de entrevistadores espertos não pode competir com um líder que sofreu imensamente por sua lealdade e permaneceu firme. Não se trata apenas de ser um senador; há muito mais em jogo. Um veterano de guerra pode ser um bom senador — existem outros três senadores norte-americanos que também são veteranos de guerra. Mas um bom senador que sofreu tanto por seu país é digno de honraria singular. Quando estão na presença de John McCain, os grandes senadores não se pavoneiam. Estão limitados pelo velho adágio que diz que "quem anda de cabeça erguida toma o primeiro gole". O capitão aposentado John McCain anda de cabeça erguida, como um líder.

Quando um homem sofre de modo nobre, alcança o tipo de respeito que o conhecimento e o serviço sozinhos não conseguem alcançar.

A hora da mudança

Pode acontecer ao voltar do trabalho para casa. *Bam!* Alguém bate em sua lateral na rodovia e o carro capota. Três tipos de sofrimento começam a se revelar: para o motorista do carro que atingiu você, para você e para a testemunha.

1. *Sofrimento consequente.* O cara que bateu em você vai para a cadeia por um tempo por dirigir embriagado. Isso vai diminuir o caráter dele e contaminar a habilidade dele de liderar.
2. *Sofrimento acidental.* Você não o viu chegando e sofreu múltiplas fraturas. Isso atrai simpatia, e o processo de terapia física e reabilitação atrai admiração e inspira.
3. *Sofrimento nobre.* Um motorista que passava viu o acidente, percebeu as chamas e parou para tirar você de lá, sofrendo queimaduras de segundo e terceiro graus. O sofrimento dele se destaca dos dois primeiros, alavancando a situação dele por causa do preço que pagou. Ele fez uma escolha honrosa e sofreu por ela. Essa é uma hora de mudança que tem impacto enorme sobre a vida daquele homem.

Você entendeu: existe um infligidor, um infligido e o sofrimento sacrificial. Esse último tipo é raro e excepcional. É um desses que faz com que um homem se torne grande.

Também pode fazer com que uma geração se torne grande.

George Washington teve seu quinhão de sofrimento durante a Revolução Americana. Mas ele admirava ainda mais os homens que serviam sob seu comando, ciente de que eles experimentaram dificuldades físicas e emocionais maiores do que as suas. No final de 1777 e início de 1778, durante o inverno, Washington tinha poucos suprimentos, e seus homens estavam pagando o preço. Com fome, congelados e exaustos, eles trabalhavam debaixo de neve profunda para construir cabanas de madeira para o inverno. Washington estava abismado com a disposição deles de suportar tantas coisas pela causa da liberdade.

Em uma de suas cartas, pedindo suprimentos e ajuda para seus homens, Washington escreveu:

> Uma parte do Exército está há uma semana sem qualquer tipo de carne, e o restante há três ou quatro dias. Sem roupas e com fome como estão, não há como não admirar a incomparável paciência e fidelidade da soldadesca, o fato de ainda não terem sido compelidos por seu sofrimento a promover um motim geral ou a se dispersar.

Aqueles rapazes deixaram Washington atônito. Por quê? O sofrimento exibiu o verdadeiro caráter deles, que terminou se mostrando surpreendentemente nobre. Washington imaginou que o sofrimento provocaria um motim. Era de se esperar que os homens desfalecessem sob tais condições. Mas foi diferente. A dor que suportaram pela causa da liberdade colocou um dos maiores homens da história num estado de assombro e respeito, provavelmente aliado a uma forte percepção de sua indignidade e impotência (essa, a propósito, é a definição de temor). É o sentimento que surge quando você está cercado por homens que estão sofrendo nobremente em sua hora de mudança.

> ***Sonhando***
> O sofrimento exibe nosso verdadeiro caráter.

A hora de mudança na vida de um homem acontece quando ele aceita com nobreza o sofrimento em favor de algo maior que ele próprio. Essa nobre disposição transforma meninos em homens. É responsável e madura. É motivada pela crença de que algum contexto maior envolve o sofrimento e lhe confere sentido. A causa se torna mais importante que o sofrimento. Desse modo, ele o suporta de maneira disposta, paciente e agressiva.

Em contrapartida, uma falta de disposição de sofrer interrompe de forma catastrófica o crescimento de um homem e precipita a regressão. Homens bons não precisam sofrer para manter seu *status* aos olhos do mundo. "Não balance o bote." "Dê sustento a sua família e garanta um bom legado." Para o homem de Deus, porém, sair do bom para o grandioso significa abraçar uma hora de mudança em sua jornada espiritual, na qual a crença em Cristo se transforma numa disposição de pagar o preço por aquele relacionamento e pelos propósitos decorrentes dele em sua vida. Basicamente, conforto e semelhança a Cristo não se misturam.

> ***Sonhando***
> *Conforto e semelhança a Cristo não se misturam.*

Essa é a fronteira final do homem de Deus. Desconforto pessoal é a consequência natural da busca pela semelhança a Cristo. É um terreno incomum para o homem natural ou carnal — aquele que usa a forma de pensar do mundo como base para suas decisões. A atitude de navegar apenas pela costa ou de abdicar do objetivo de alcançar a maturidade deve ser substituída por um mergulho agressivo na grandeza por meio de um sacrifício cada vez maior. Essa postura de abraçar o custo pleno — a exceção, o desafio — é rara. A maioria dos homens com boas intenções se amotinou e se dispersou, em vez de resistir até descobrir o sonho pleno de Deus. Isso acontece porque as boas intenções não são substitutas para a grande fé no caráter de um homem. Não há substitutos para a disposição de confiar, aconteça o que acontecer.

Meu filho Ryan está aprendendo isso, mesmo com pouca idade. No mundo altamente competitivo do futebol profissional, este papai orgulhoso viu que tem um grande atleta como filho. É claro, esse é o mesmo sentimento de todos os outros pais nesse time de elite de "futebolistas". Todos os anos Ryan tenta passar na peneira para ser titular, e já faz isso há três anos consecutivos. Como alcançaram um nível mais elevado que as equipes do sul da Califórnia, os melhores jogadores das outras equipes tentaram tirar meu filho de sua posição. Para voltar à equipe, ele se dedicou a treinar quatro dias por semana durante seis meses. Ele conseguiu, mas pela primeira vez não está começando as partidas nem fica em campo o jogo inteiro.

Esse é um golpe duro. Para um menino de 12 anos, é sofrimento. É uma batalha constante para não desanimar, especialmente nos dias de jogo. Sei que ele odeia essa temporada de desgosto. Sei que ele fica pensando na razão de isso estar acontecendo. Ele deve perguntar a si mesmo coisas como "treinei tanto e só consigo isso?". Ele nunca enfrentou esse tipo de teste antes. Para o meu garoto, essa é uma hora de mudança — um momento no qual ele poderia optar por levantar um motim interno, fazer críticas e se fechar. Ou poderia mostrar do que é feito, confiar no controle de Deus sobre sua vida e continuar treinando forte.

É doloroso ver isso como pai, mas enxergo nessa oportunidade como tudo depende da postura de Ryan, se ele vai se apegar a seus sentimentos e buscar soluções rápidas ou se vai se voltar para Deus e para seu pai em busca de ajuda. Se puder se voltar para Deus, essa hora de mudança poderia ser uma das maiores de sua vida tão jovem. Se ele superar com êxito essa temporada de altos e baixos nas emoções, nos desapontamentos e na desilusão, isso vai estabelecer firmemente um Pai celestial invisível por trás de um tempo visível de sofrimento.

Desse modo, estamos confiando em Deus juntos, e estou pedindo ao Pai celestial que faça disso o início de um grande homem que não fica preocupado quando o sofrimento chega. Estou pedindo a Deus que o ensine, que o faça crescer para transformar-se naquilo que não era antes. Sei o que não quero que aconteça. Não quero que ele reaja como muitos homens a quem aconselho. Eles acreditam que o sofrimento é uma maldição da qual eles fogem, e não uma provação sagrada, permitida por Deus para torná-los semelhantes a Cristo. Aqueles homens desperdiçam seu tempo ao se desviar e rumar para as colinas, seja em termos emocionais ou físicos. E, ao fazê-lo, mostram que ainda são meninos. Sei que você já viu isso em si mesmo e em outros homens, porque todos já nos escondemos na caverna em algum momento. Contudo, o resultado é sempre o mesmo: eles ficam cada vez mais endurecidos em relação a Deus, tornam-se homens menores e, em vez de enriquecer, tornam-se mais pobres por causa de sua dor.

"A fé cristã não foi provada", escreve Phillips Brooks. "Não até que os homens se livrem da ideia de que se trata de um aparelho pobre, um expediente para salvá-los do sofrimento e da dor, não até que compreendam a grandiosa ideia da fé como o grande poder de Deus presente em e através da vida dos homens, não até que o cristianismo tome posse de sua verdadeira prova e esteja pronto para mostrar o que pode fazer".

Em outras palavras, um relacionamento com Cristo é, em última análise, não um pacificador, mas um produtor de paixão que leva o homem de Deus a fazer o que não é natural e seguro. Quando o sofrimento chega, os homens de Deus buscam o propósito de Deus que há naquilo. Essa escolha torna o homem de Deus grande, qualifica sua fé e o torna mais adequado para ser um líder no reino de Deus.

O conforto do qual o homem de Deus abre mão permite que ele obtenha mais de Cristo. Para esse fim, homem de Deus, você deve avaliar sua própria experiência com o poder de Deus e sua conexão com ele: quanto você está disposto a suportar, carregar e se submeter por Jesus em seus momentos de dor? Pergunte a si mesmo: "Sou alguém que vai até o fim ou alguém que busca a segurança?".

O conforto do qual o homem de Deus abre mão permite que ele obtenha mais de Cristo.

Oportunidades de abrir mão da zona de conforto em favor da causa de Cristo surgem na vida de todo homem. Seja no âmbito individual, relacional ou emocional, esses momentos divinos devem ser aproveitados de maneiras incomuns, maneiras que não vão suavizar ou acalmar seus sentimentos e medos. Essas escolhas do dia a dia vão chamar sua fé à responsabilidade, vão expô-la e defini-la pelos anos que se seguirão.

Dor santificada

Toda forma de dor suportada em favor de Cristo é santa porque você está alinhado com Cristo, que sofreu dor de todas as formas. A semelhança a Cristo exige crer que Deus tem autoridade sobre o sofrimento. É uma mentalidade ciente de que o sofrimento leva à realização do sonho de Deus de moldar você de acordo com a imagem de Jesus. O Filho sofreu, e os filhos adotados devem ser aperfeiçoados como ele por meio das mesmas tristezas, pesares, desapontamentos e dores terrenas. O Pai refinou Jesus levando-o à grandeza e à glória como nosso líder, e agora esse é o sonho dele para você. Através dos sofrimentos (escolhidos ou circunstanciais), você vai crescer até se tornar um homem de Deus.

Sem a autoridade de Deus sobre o sofrimento, a ideia de dor santa é ridícula. Sem a autoridade divina, o homem de Deus se torna passível de ser parado no meio de seu sofrimento. A vida lhe entrega o pior e pode esmagá-lo. Mas se o sofrimento for acompanhado de uma profunda e permanente confiança no controle soberano de Deus sobre todas as coisas, então você prevalecerá. "Por isso é que meu Pai me ama, porque eu dou a minha vida para retomá-la. Ninguém a tira de mim, mas eu a dou por minha espontânea vontade. Tenho autoridade para dá-la e para retomá-la" (Jo 10.17-18). O Homem que disse essas palavras confiantes e corajosas vive em você.

O sofrimento de Cristo nunca o dominou. E, num golpe estupendo sobre o mal, Jesus proclamou domínio sobre seu sofrimento ao optar por ele por conta do amor pelo Pai e da aceitação da causa dele. Essa foi a hora de mudança como Filho do homem: escolher o sofrimento como o caminho para a grandeza. Essa é sua maior marca e o exemplo mais elevado para os seguidores que buscam ser grandes.

O sofrimento de Cristo nunca o dominou.

Talvez ainda mais incrível é que você e eu fomos a razão para essa coisa toda!

> Ao levar muitos filhos à glória, convinha que Deus, por causa de quem e por meio de quem tudo existe, tornasse perfeito, mediante o sofrimento, o autor da salvação deles. Ora, tanto o que santifica quanto os que são santificados provêm de um só. Por isso Jesus não se envergonha de chamá-*los* irmãos.
>
> Hebreus 2.10-11, grifo do autor

A partícula "los" se refere a nós! Jesus Cristo fez de nós seus irmãos ao tornar a dor santa em três aspectos específicos. Essas verdades transformacionais sobre o sofrimento têm sérias implicações para o homem de Deus.

1. *O sofrimento tornou Cristo apto a liderar.* É engraçado perceber que não foi teologia, treinamento ou milagres que qualificaram Jesus para liderar. Nenhuma dessas coisas faria dele um líder perfeito. Somente sua disposição de abrir mão do conforto por nós e por seu Pai o tornaram definitivamente digno de ser nosso Capitão. O que isso nos diz a respeito da liderança verdadeira? Não é uma busca intelectual ou uma estratégia, não é uma fórmula. Para o homem de Deus, a verdadeira liderança significa abrir mão do conforto pessoal em favor de uma causa e ter disposição de ir até o fim.

2. *O sofrimento é o que nos conecta a Deus.* Através do sofrimento de Jesus, o poder ativo do Espírito Santo realizou sua salvação e conectou você a Deus. Se foi isso que inicialmente uniu você ao Pai, o que acha que o une mais poderosamente a ele hoje? O mesmo poder ativo dentro dos sofrimentos de Cristo também é fértil dentro de suas aflições presentes e futuras. Deus está pronto para liberar poder através de seu sofrimento para torná-lo mais semelhante a Cristo e para levar glória a ele. O sofrimento possibilita tanto um poderoso relacionamento como uma experiência com Deus — se permitirmos que ele aconteça. Se o guardarmos para nós mesmos, se procurarmos evitá-lo ou resolver nosso sofrimento por meio de soluções sem Cristo, perderemos o poder dessa comunhão definitiva com Deus.

3. *O sofrimento em favor dos propósitos de Deus nos une a Jesus.* O poder de uma experiência compartilhada solidifica relacionamentos. Pergunte a um grupo de veteranos de guerra que participaram juntos de uma ação. Sobreviver ao sofrimento mútuo é uma experiência que vai além de qualquer sofrimento suportado em isolamento. O que transformou aqueles veteranos de guerra em um bando de irmãos é aquilo que faz com que Jesus não tenha vergonha de nos chamar de irmãos. A experiência de sofrimento

compartilhado em favor do reino de nosso Pai nos une de maneira inseparável à Pessoa de maior poder. Thomas à Kempis escreveu: "Nenhum homem tem um sentimento mais afetuoso em relação à Paixão de Cristo do que aquele que sofreu como ele".

Quer se sentir mais unido a Jesus neste momento, meu irmão? Faça a coisa difícil, a coisa que vai fazê-lo retroceder. Faça-a para Deus. Faça-a sempre que o desconforto santo surgir. Você sentirá a irmandade de uma maneira mais profunda que ontem. Esse é o clamor do coração de todo verdadeiro homem de Deus:

> Não me interessa a justiça inferior e insignificante que se baseia na observância de uma lista de regras, quando posso desfrutar aquela que é resultado de confiar em Cristo — a justiça de Deus. Desisti daquelas coisas inferiores para que pudesse conhecer Cristo pessoalmente, experimentar o poder de sua ressurreição, ser companheiro de seu sofrimento e ir com ele até a morte.
>
> Filipenses 3.9-10, MSG

O sofrimento transpassa o mistério de Deus e une você a ele. Mais importante, o sofrimento o qualifica para liderar a obra do reino de Deus.

Nenhum homem quer sofrer. Mas o homem de Deus não teme o sofrimento porque este o une a seu Rei. É por isso que devemos deixar de lado nossos confortos, seguranças, previsibilidades, garantias, inseguranças, temores e posturas orgulhosas. Depois, devemos tomar nossa cruz para experimentar a derradeira visão que Deus tem para nós. O onde, o quê, o quando, o por quê e o como estão trancados apenas dentro da mente de Deus, e eles ganharão vida conforme você se sujeitar voluntariamente aos caminhos e ao tempo dele. Suportar esse tipo de sofrimento será trágico para quem está de fora. Mas, para você, será o fruto de sua lealdade total.

Confie em Deus e nos propósitos dele para a dor. Homem de Deus, não deixe que o sofrimento o perturbe. Se você estiver sofrendo, saiba que isso foi permitido por Deus em sua vida. Deixe que venha. E saiba que ele vem com grande propósito: trazer a maior nobreza possível, de modo que você se torne igual ao nosso irmão Jesus.

Nenhum líder da família de Deus tem maior conexão com a causa do reino do que o homem que sofreu para que seu coração, seus relacionamentos e seu mundo fossem controlados por ele.

O que você diz a isso? Sim.

7

A vontade de meu Pai

A vontade de Deus não é um itinerário, mas uma atitude.
ANDREW DHUSE

Nosso Papai pode ser uma pessoa bem rígida quanto à maneira como usamos nosso tempo.

Meu próprio pai era severo com a questão do tempo. Em algum momento do final da década de 1960 ele ganhou um relógio original usado em navios. Era montado sobre uma base de mogno brilhante no formato de um pequeno escudo. Nada de mais. O relógio em si era outra história — era arte naval.

Imagine velejar no mar aberto num legítimo veleiro norte-americano, com as velas abertas, vento no rosto. Você é o timoneiro. Você contempla o horizonte com profunda satisfação, ao mesmo tempo em que sua mão descansa em posição de comando sobre a grande roda de madeira, o timão que controla o leme e, por sua vez, o navio inteiro. Sua estrutura é feita de madeira de lei, forte e própria para a navegação. O timão gira de maneira fluida, tranquila e eficiente à medida que você conduz o grande navio e corta o horizonte em busca da glória.

O relógio em si era outra história — era arte naval.

Agora imagine esse timão feito em latão altamente polido, reduza-o a 30 centímetros de diâmetro e você terá a moldura na qual a face do relógio se coloca como um diamante solitário. A janela redonda colocada sobre a roda do timão lembra a escotilha de um navio. É feita de grosso vidro transparente, com um aro de 1 centímetro de latão fazendo a circunferência, agindo tanto como janela quanto escudo para aquilo que se encontra por baixo: o próprio tempo.

Dois círculos de números negros mostram a hora — a hora civil, que é o conjunto maior, sublinhado por sua contraparte menor, a militar, perfeitamente alinhados. Os ponteiros do relógio são tão precisos que as pontas deles se alinham por inteiro com todos os cento e vinte traços entalhados em toda a volta do mostrador do relógio.

Quando você se coloca diante desse relógio e o observa, percebe dois orifícios centralizados exatamente em cada um dos lados do número seis. São o mecanismo da corda. Um pequeno gancho preso ao fundo da moldura de mogno segura uma pesada chave de aço inoxidável. Uma vez por semana, a cobertura do relógio é cuidadosamente retirada e a chave é inserida de forma alternada nos orifícios da corda, dando-se em cada um deles um determinado número de voltas — oito é o número apropriado. Com a corda dada e a escotilha fechada, o relógio volta ao seu lugar, logo acima da lareira da sala de estar.

Esse relógio pode parecer artístico, mas age como um canhão a cada trinta minutos, quando o sino toca. Você escuta o mecanismo das molas bater em sincronia com o exato segundo em que o ponteiro grande chega ao seis ou ao doze e, então, depois de um milissegundo de pausa, a hora é informada. Um número par de badaladas indica a hora cheia. Um número ímpar indica a meia hora. Oito sinos variados são tocados em ciclos de quatro horas, fazendo a marcação correspondente para o dia e para a noite.

Contudo, aquele relógio é "tempo medido por sentidos e sentimento", mais do que por som e visão. Meu pai valorizava aquilo. O relógio dizia muito sobre a prioridade que meu pai dava à pontualidade. Eu pedia permissão para passear e meu velho dizia:

— Quero você de volta às oito badaladas.

— Tudo bem, pai — eu respondia, ciente de que deveria estar à porta precisamente às 11h55, ou o mundo desabaria. Meu pai conseguia ouvir aquelas badaladas enquanto dormia, de seu quarto, que ficava na outra ponta do corredor. À noite, se a consciência dele decidisse que era hora de inspecionar o Kenny, ele se levantava às oito badaladas e ia verificar se eu estava no devido lugar.

O tempo tinha uma importância sagrada para meu pai.

Crescido em meio a esse filtro segundo o qual tempo é vida e vida é tempo, tornei-me muito sensível em relação ao tempo. Sendo mais específico, via o sentido naval de pontualidade de meu pai como um propósito colocado em prática todos os dias. Eu o escutava à uma badalada de manhã (4h30) pegando sua marmita para trabalhar e preparando aquele seu sanduíche de pão com ovo. Depois de ouvir as badaladas, era comum ele fazer comentários sobre a lista de coisas a serem realizadas na casa: "Hora de tomar banho". "Hora do jornal." "Hora de ir para a cama, Ken." Quando minha mãe estava fora ou não podia me levar para fazer as coisas, eu odiava aquelas badaladas porque elas lembravam meu pai da saída iminente, o que significava que eu chegaria até duas horas antes do que quer que fosse.

Meu pai nunca se atrasava. Consequentemente, eu também não.

Força motriz

Acho que eu parecia um rapazinho muito estranho, pois sempre chegava horas antes nos jogos, na escola, na igreja, nos ensaios, em qualquer lugar. Tal pai, tal filho. O engraçado é que meu pai nunca nem sequer mencionou a importância do tempo para mim. Contudo, a partir de seu modelo, eu a incorporei sem problemas à estrutura da minha vida. A atitude dele em relação ao tempo foi adotada e integrada perfeitamente. Eu entendia que era importante para ele e, inconscientemente, tornei-me também sensível ao tempo. De fato, ainda sou — pergunte à minha esposa. Outro dia estava com pressa e a deixei por engano no estacionamento da igreja. Eu estava com as crianças; o navio estava deixando o porto. Entrei na rodovia e, cinco minutos depois, a percepção.

Obrigado, Papai. Os sinos dobraram por mim naquele dia!

Os pais projetam prioridades e aquelas prioridades refletem a vontade deles. Nesse sentido, os pais se tornam, quase que por padrão, as forças motrizes de nossa vida. Um amigo me disse que quando sua esposa percebe o caráter do pai dele aflorando no marido, ela o chama pelo nome de seu pai. Não é uma experiência positiva para ele, mas ao que parece, ele não consegue evitar. A lista das vontades do meu pai seria mais ou menos assim:

- Respeito (presumido pela posição)
- Disciplina
- Esforço
- Responsabilidade
- Autoridade
- Autossuficiência
- Controle (dele)
- Comando (dele)
- Aquiescência
- Pontualidade

Via a vontade de meu pai em cada área. Eu a sentia em casa. Eu a adotei como prioridade. Esse alinhamento com sua vontade sempre foi bom para ele, às vezes bom para mim, e às vezes bom para os outros.

Você pode estar pensando: "Ei, espere um instante, Kenny. A lista que vejo parece ótima". Concordo; a vontade do meu pai de fato parece diligente e viril. A questão da pontualidade, por exemplo, era moralmente benigna, facilmente absorvida e na maior parte das vezes boa. Contudo, o alinhamento da minha vontade com a de meu pai não era motivado pelo relacionamento. Era precipitado pelo papel e pelo controle dele sobre minha vida. Se eu voltar a fita, o que fica claro para mim é que minha conexão com a vontade de meu pai ou se baseava em aprovação e aceitação, ou se baseava na dor e no medo. Por saber quais eram as prioridades dele, eu me submetia a elas, ciente de que ele me apoiaria — eu raramente experimentei apoio, mas o desejava desesperadamente.

Eu sabia, por exemplo, que se eu aparasse os três gramados, limpasse a garagem e mantivesse meu quarto nos trinques, ele notaria e provavelmente responderia com um "é isso aí, rapaz". Isso era para mim aquilo que uma dose de droga é para um viciado. Também sabia que se eu saísse da linha, se desobedecesse a uma instrução ou atrasasse minha resposta a qualquer coisa que eu soubesse que era prioridade, ele notaria e reagiria negativamente. Em vez de uma dose de elogio, uma bela dose de pancada.

> O elogio do meu pai era para mim aquilo que uma dose de droga é para um viciado.

O apelido de meu pai era Godzilla. Godzilla não raciocina nem discute alguma coisa — ele a esmaga. A vontade de papai e a minha vontade tinham uma dinâmica emocional-comportamental em vez de uma dinâmica relacionada ao caráter. Eu adotava a vontade dele para coletar afeição ou evitar sua ira, não porque eu viesse a experimentar a importância ou o valor de sua vontade.

Um modo de adotar a vontade do pai se baseia na reação; o outro se baseia no relacionamento. Um se baseia em emoções frágeis; o outro se baseia em concordância com sua vontade baseada no conhecimento de seu caráter.

Um modo é saudável; o outro não.

Qualquer homem que reaja à vontade de Deus em função de um medo esmagador de perder o favor dele ou de despertar sua ira inevitavelmente termina se resignando, se ressentindo ou resistindo à vontade de Deus. O medo e as motivações misturadas sempre estragam uma coisa boa.

A coisa importante

A semelhança a Cristo tem tudo a ver com a vontade do Pai.

Na jornada para realizar o sonho de Deus em sua vida, a vontade dele deve estar em primeiro plano em sua mente. Qual é a vontade de Deus? Ela está diretamente refletida no caráter de Cristo. Em Jesus vemos uma liberdade agressiva para perseguir, articular e aceitar a vontade de Deus Pai. Em sua conexão com a vontade do Pai, o homem de Deus a vê, a sente, a adota, a integra e é individualmente motivado a buscá-la.

O sonho de Deus para você é idêntico.

Nos evangelhos, Jesus apresenta uma imagem poderosa de seu Pai como a mente criativa e ele mesmo como o agente primário de sua expressão na terra. É um relacionamento dinâmico enraizado em amor, conhecimento íntimo e um compromisso mútuo de realizar propósitos bastante específicos. Antes de Jesus curar uma pessoa, expulsar um demônio ou pregar uma mensagem sobre o reino, um Pai enfático havia lançado a fundação para o cumprimento de sua vontade por parte de seu Filho através da fortificação do elo entre eles. É um elo que nós experimentaremos quando começarmos a nos aventurar de forma bem-sucedida na vontade do Pai.

Enraizado na aceitação incondicional

> Quando todo o povo estava sendo batizado, também Jesus o foi. E, enquanto ele estava orando, o céu se abriu e o Espírito Santo desceu sobre ele em forma corpórea, como pomba. Então veio do céu uma voz: "Tu és o meu Filho amado; em ti me agrado".
>
> Lucas 3.21-22

O relacionamento estava solidamente intacto por causa da expressão e da consciência singular da aceitação do Pai e da afirmação do Filho, independentemente de suas realizações.

Jesus ainda não havia feito nada nesse ponto e *bum!* — uma expressão de amor do tamanho de uma explosão nuclear vinda do Pai na direção de seu Filho. Todo medo é dissipado, repreendido e impedido de conquistar o coração do Filho, porque ele está cheio do amor do Pai. Com esse tipo de amor pulsando do Pai em direção a ele, Jesus pôde dar-se ao luxo de viver no âmbito emocional e relacional para uma audiência de uma única pessoa e para a vontade de apenas um. Ele não precisaria da aprovação ou da aceitação dos homens. Isso o tornou destemido em seu foco e em sua busca pelas prioridades do Pai durante o tempo que viveu na terra.

Enraizado em conhecimento íntimo

> "Eu lhes digo verdadeiramente que o Filho não pode fazer nada de si mesmo; só pode fazer o que vê o Pai fazer, porque o que o Pai faz o Filho também faz. Pois o Pai ama ao Filho e lhe mostra tudo o que faz."
>
> João 5.19-20

Esse é um retrato de cooperação mútua, o compartilhar de conhecimento íntimo, exemplo, relacionamento e amor. Existe uma dependência no conhecimento que Jesus tinha do Pai que guiava sua própria expressão da vontade dele na terra. Ele não precisava consultar os líderes religiosos da época, os pensadores modernos ou as autoridades romanas. Ele mesmo possuía o coração do Pai. A vontade de Deus fora plenamente revelada e, portanto, seria plenamente expressa com autoridade em sua vida. O conhecimento que Jesus tinha do coração do Pai mantinha suas ações focadas e puras a despeito do que acontecia a sua volta.

Enraizado em cooperação mútua

> Disse-lhes Jesus: "Meu Pai continua trabalhando até hoje, e eu também estou trabalhando".
>
> João 5.17

A livre troca de sentimento e pensamento entre Jesus e Deus era uma sinergia de desígnio nunca vista pelo mundo. Era a Cia. da Redenção Pai & Filho: "Construindo o reino desde 33 d. C.". Por amar o Filho tão profundamente, o Pai revelou seus planos e propósitos ao Filho e o Filho os executou com obediência. Por repetidas vezes vemos Jesus citar o compromisso mútuo de colocar em prática um plano específico. Ele dizia coisas como:

- "A minha comida é fazer a vontade daquele que me enviou" (Jo 4.34).
- "Nada faço de mim mesmo, mas falo exatamente o que o Pai me ensinou" (Jo 8.28).
- "Estas palavras que vocês estão ouvindo não são minhas; são de meu Pai que me enviou" (Jo 14.24).
- "Pois desci dos céus, não para fazer a minha vontade, mas para fazer a vontade daquele que me enviou" (Jo 6.38).

As múltiplas declarações semelhantes a essas revelam o inabalável compromisso de Jesus com os propósitos de Deus no mundo. Jesus não adotou a vontade de seu Pai por motivos egoístas, para conseguir a afeição dele, evitar sua ira ou ganhar uma recompensa. Para Jesus, era a consequência direta da experiência pessoal, de ver e dar importância aos propósitos de Deus na condição de um agente voluntário de expressão. Vemos um Jesus ligado de maneira funcional à vontade do Pai e livre para fazer dela sua missão. Amado, aceito, seguro, entendido, pronto, enviado e focado, vemos o Deus-homem equipado para levar o coração de seu Pai à maior extensão possível.

E quanto a você? Qual é a conexão com você? De acordo com Jesus, aplica-se exatamente a mesma dinâmica, feita sob medida para produzir o mesmo compromisso espiritualmente sadio e de alta octanagem. Observe a oração de Jesus por você:

- "Eu neles e tu em mim. Que eles sejam levados à plena unidade, para que o mundo saiba que tu me enviaste, e os amaste como igualmente me amaste" (Jo 17.23).

Tradução: "Pai, que eles sejam enraizados no teu amor e, assim, sejam ajudados a ver, acolher e abraçar a tua aceitação incondicional, a mesma aceitação que tens por mim. Depois disso, que sejam livres!".

- "Que te conheçam, o único Deus verdadeiro, e a Jesus Cristo, a quem enviaste" (Jo 17.3).

Tradução: "Dá a eles um conhecimento íntimo e próximo de ti através de mim, do mesmo modo como eu tenho um conhecimento íntimo e próximo de ti. Ajuda-os a serem exemplos do teu caráter, a compartilharem do teu coração e dos teus planos e a duplicarem o que virem em nosso relacionamento".

• "Assim como me enviaste ao mundo, eu os enviei ao mundo" (Jo 17.18).

Tradução: "Eles vão trabalhar conosco e se dedicarão a terminar aquilo que começamos".

Ele fez a vontade de seu Pai. Nós observamos. Começamos a fazê-la juntos. Nós fazemos e ele observa. Então, finalmente, nós fazemos! Fazemos a vontade de nosso Pai como filhos obedientes: de maneira atenciosa, intuitiva e agressiva.

Como Jesus.

Irmãos de Jesus S.A.

Toda família segue a linhagem por meio de um determinado código de comportamento. Entre os homens de minha família, isso inclui certos tipos de apertões, piadas, berros, competições, beijos (tradição da ilha de Guam), conspiração para realizar pegadinhas, ruídos com o corpo e ajuda onde e quando for preciso. Ah, e comer — quantidades imensas e pecaminosas de comida. Que combinação! Você sente o perigo à beira desse prazer, ciente de que entrou em um novo mundo que não é para os que têm coração fraco. Ser um dos homens da família Luck é assim.

Você se sentirá atraído ainda que esteja a meio quilômetro de distância. Nós não nos importamos. Esses comportamentos representam nosso elo, nosso critério para inclusão no círculo mais íntimo. Qualquer coisa inferior a isso sugere apenas familiaridade. Nossa família é uma fraternidade completa com trotes, rituais, cerimônias e testes de irmandade. É quase uma relação química.

A ideia de que fraternidade e culturas de comportamentos sejam intrinsecamente ruins era provavelmente estranha a Jesus. Existe uma consistência de cultura em fraternidades de homens que apela à integridade e à identidade deles. Jesus tocou nesse assunto de modo a destacar as lacunas na integridade quando ensinava aos homens o que significava fazer parte de algo. De fato, ele agiria como um sargento em relação à conduta aceitável de seus assim chamados seguidores. Ele chamaria seguidores e promoveria assembleias com o propósito expresso de expor e lançar fora aqueles que não estavam de acordo. Ele não os confortaria — e também não os confrontaria com más intenções. Ele simplesmente desafiaria a identidade deles como homens de Deus por meio do estabelecimento de uma correlação entre o comportamento deles e a vontade expressa de Deus.

Ele diria coisas como "Por que vocês me chamam 'Senhor, Senhor' e não fazem o que eu digo?" (Lc 6.46). De acordo com Jesus, a identidade do homem de Deus leva diretamente a uma responsabilidade para com sua vontade expressa e a integração a sua vida. Ele nunca fez ressalvas a declarações como essa; ele lideraria com elas! Jesus era particularmente avesso a grupos de homens que posavam de espirituais por fora, mas que eram traídos por suas motivações. Aqueles sujeitos eram disfuncionais, estavam dissociados da vontade de Deus. Para aqueles homens, Jesus citaria o profeta Isaías e os espetaria duplamente: "Bem profetizou Isaías acerca de vocês, hipócritas; como está escrito: 'Este povo me honra com os lábios, mas o seu coração está longe de mim'" (Mc 7.6). A lâmina da verdade corta dos dois lados; tanto as crenças internas quanto o comportamento externo foram examinados em termos de autenticidade de dedicação e consistência com a vontade do Pai.

> ***Sonhando***
> *"Pois quem faz a vontade de meu Pai que está nos céus, este é meu irmão."*

A participação nessa irmandade se resumia a uma coisa: "Pois quem faz a vontade de meu Pai que está nos céus, este é meu irmão" (Mt 12.50). Isso envolve um espectro de ações e atitudes que são facilmente reconhecidas por outros cristãos debaixo do Grande Mandamento.

Você percebe quando a principal convicção de alguém é amar a Deus e amar as pessoas. Tal como Jesus, pessoas assim estão livres. Não precisam entender todas as variáveis da maioria das decisões, apenas aquelas duas importantes. Isso elimina a dúvida e a distração em suas questões espirituais. Não é complicado. De fato, quando um homem começa a complicar a vontade de Deus repetida e regularmente, então existem razões para questionar.

O sonho de Deus para você é ser um realizador da vontade do Pai. Isso é o oposto de:

- Discutir sua vontade
- Debater sua vontade
- Desconstruir sua vontade
- Dissecar sua vontade
- Desviar sua vontade
- Delongar sua vontade
- Duvidar de sua vontade

Essa vida de fazer a vontade do Pai é uma combinação de promessa e perseguição, bênção e sofrimento. Nossa fraternidade aceita tanto as alegrias quanto as tribulações por sermos irmãos de Jesus. A melhor notícia é que Jesus Cristo aceita todos os homens em sua irmandade e todos os homens podem começar a fazer hoje a coisa que caracteriza um irmão de Cristo: a vontade do Pai.

O que isso significa para você? Até onde você está disposto a ir? Para o homem de Deus, a vontade do Pai é facilitada pelo seu amor. Enxergamos esse compromisso para conosco e, por isso, nos vemos mais compromissados. Vemos o sacrifício de seu Filho e nos vemos mais dispostos a abrir mão de nosso próprio conforto. Alguns de nós não duvidamos que a vontade do Pai seja melhor, assim como não temos dúvida de quão desconfortável o "melhor" terminará sendo. A confiança em Deus em nosso jardim do Getsêmani pessoal é o que vai nos ligar mais profundamente a sua imagem.

Martinho Lutero talvez tenha expressado melhor do que a maioria das pessoas o que significa fazer a vontade do Pai quando fez esta observação: "Já tive muitas coisas em minhas mãos, e perdi todas elas; mas seja o que for que eu tenha colocado nas mãos de Deus, eu ainda possuo". No final, essa é a essência de fazer a vontade do Pai: colocar-se nas mãos de Deus agora mesmo. Então você será como Jesus, seu Irmão.

> "Meu Pai, se for possível, afasta de mim este cálice; contudo, não seja como eu quero, mas sim como tu queres."
>
> Mateus 26.39

Este aspecto do sonho do Papai é simples: queira mais da vontade dele e menos da sua. Hoje e amanhã. Nas pequenas coisas e também nas grandes.

Faça do Papai sua influência dominante.

8

Cruzando olhares

Os filhos são para os pais o conto que é contado pela segunda vez.
Victoria Secunda

Seu pai já lhe deu "aquele" olhar? Ryan e eu nos entreolhamos o tempo todo. E eu adoraria dizer que a cor e as expressões do meu rosto estão sempre transbordando de amor. Mas não estão. Posso dizer, porém, que muitas vezes realmente está e que meu filho sabe que seu pai é presente, vigilante e paciente para incentivá-lo.

Se você perguntar a Ryan, ele vai lhe contar sobre todas as maneiras não verbais por meio das quais nos comunicamos. Às vezes a conexão se dá apenas com os olhos e um sinal com a cabeça que diz "eu amo você". Sem palavras. Às vezes nossos olhos se cruzam quando ele está entrando no campo de futebol e faço um sinal com as mãos querendo dizer "eu amo você" em nossa linguagem de sinais não oficial de pai e filho. Mais uma vez, nada de palavras. Em ainda outros momentos, o veículo é um toque.

Quando ele era menino, três apertões intermitentes na mão, na perna ou no braço diziam como nos sentíamos — um apertão para cada palavra. Apertão — "eu" — apertão — "amo" — apertão — "você". Sua resposta seria a mesma e, então, ele erguera dois dedos. "Eu amo você também." Isso continua até na hora de ir dormir. No final de nossa oração, o "amém" se dá por meio de três beijos rápidos na bochecha, seguidos por três cheiros na bochecha (outra tradição de Guam). Outra maneira são os afagos nas costas de surpresa (o menino tem as melhores mãos da família). Novamente, conversamos sem dizer nem uma palavra sequer. De repente, sinto aquelas mãos fortes massageando meus ombros. Respondo de maneira positiva (normalmente por meio de gemidos suaves) e, para terminar, ele me bate nas costas três vezes e desaparece sem dizer uma palavra.

Ryan me ama. Dizer que temos uma conexão profunda não é o bastante. Mas esse é o nosso jeito.

Com meu pai, você não ia querer receber aquele olhar. Se ele desse aquele olhar, era certo que a mão ou o cinto viriam em seguida. Até hoje, acho incrível como eram poderosas para mim as expressões faciais de meu pai. Sua face determinava toda a atmosfera da família e, infelizmente, não havia muitos sorrisos — se é que eles apareciam — na face de meu velho durante a minha infância. As cores de seu rosto eram 1) pálido, quando ele estava sóbrio, calmo e descansado, e 2) vermelho, em todos os outros momentos. Era comum eu tentar ler seu rosto para ter uma ideia de seu humor e, assim, determinar o que viria a acontecer, evitando, muitas vezes, o que poderia ocorrer em seguida.

> É incrível como eram poderosas para mim as expressões faciais do meu pai.

Felizmente, o final da história com meu pai é brilhante. Aos 65 anos, ele iniciou uma nova jornada espiritual e terminou bem seus relacionamentos. Nunca vi seu rosto ficar vermelho depois disso. Muito embora eu já estivesse casado e com três filhos, fiquei muito feliz em ser filho dele durante aquele período. A reciprocidade entre nós foi rica, desde sua renovação espiritual, passando pela ponte de safena até o momento em que finalmente o sepultamos ao som do toque de silêncio, quando berrei feito um bebê.

Há um profundo senso de alegria que penetra a alma de um pai quando seus olhos se encontram com os de seu filho. Quando isso acontece entre um pai e uma filha, trata-se mais de um instinto de proteção, como o compromisso de guardar um diamante raro e sem preço. Entre o pai e o filho, trata-se mais de um forte instinto de gerações, que passa adiante o legado e enxerga a si mesmo no outro. Não posso explicar o sentimento, o desejo de ser nobre, de traduzir e transmitir esse senso de honra para a vida de Ryan.

Fico perturbado ao pensar naqueles invisíveis demônios de caráter que têm o potencial de me impedir de ser o tipo de homem que quero desesperadamente que Ryan enxergue e se torne. Mas quando nossos olhares se cruzam, sinto um poder renovado lutando contra aqueles demônios e prevalecendo em favor de meu filho. Esse elo reflete a ligação entre Pai, Filho e Espírito Santo: a fonte criativa do Pai, o agente de expressão no Filho e o poder invisível do Espírito Santo que faz com que tudo aconteça.

Nesses momentos, sinto a eternidade. Nenhuma palavra. Um sorriso de satisfação diz tudo.

Ryan pode ter medo de mim, rebelar-se, odiar-me, amar-me, ficar ressentido, sentir falta de mim ou querer-me como seu pai, mas a mensagem por cima de tudo isso que vejo saindo dele é esta: ele realmente quer que eu o veja sendo uma boa pessoa e fazendo coisas boas que ele sabe que me agradam. É algo bastante pessoal e especial exclusivamente para mim e para ele. Não é algo sobre o que conversamos. É como compartilharmos essa conexão e cada um torcer pelo outro — ele por mim e eu por ele. Não se trata de realizar uma tarefa ou cumprir uma missão. Trata-se de fazer a outra pessoa feliz.

Queremos ver um ao outro ganhando na grande arena de nossa vida. Não se trata de obrigação; trata-se de um elo entre nós. Não se trata de cumprir uma missão; trata-se de alegrar um pai e animar um filho. Não se trata da prestação final de contas que acontecerá no futuro; trata-se de nos aproximarmos como pai e filho. Não há nenhuma espingarda nas costas dele. No sentido mais puro da expressão, Ryan quer alegrar o meu dia.

Vemos esse tipo de relacionamento entre Jesus e seu Pai — essa afinidade familiar de Filho e Pai: reciprocidade, uma ligação de espírito intuitiva e relacional.

Laços de família

Existem dois aspectos distintos no relacionamento de Jesus com seu Pai. No capítulo 7 conversamos sobre o primeiro aspecto: a consciência que Jesus tinha da vontade do Pai e seu foco apurado nos objetivos que ele fora enviado para cumprir. Ele se concentra na missão. É o propósito do Pai que ele deve cumprir, as palavras do Pai que ele deve compartilhar e a obra do Pai que ele deve concluir. Vemos Jesus agindo com base em sua verdadeira identidade, sua obrigação para com essa identidade e as responsabilidades inerentes a essa identidade como Deus-homem. Ele é um homem atarefado, agindo em parceria com "aquele que me enviou". E Deus reconhece e recompensa seu Filho com posição, presença cheia de autoridade e poder. O foco está na obra que seu Pai lhe deu e na administração de seu tempo na terra.

A Cia. da Redenção Pai & Filho estava trabalhando na obra para o reino:

> A seguir apareceu uma nuvem e os envolveu, e dela saiu uma voz, que disse: "Este é o meu Filho amado. Ouçam-no!" Repentinamente, quando olharam ao redor, não viram mais ninguém, a não ser Jesus.
>
> Marcos 9.7-8

Vemos aqui o Pai apoiando enfaticamente o Filho e o Filho fazendo uma parceria intensa com o Pai. O foco estava na execução da missão — uma missão da qual Jesus prestou contas diretamente a seu Pai depois de completá-la:

> Eu te glorifiquei na terra, completando a obra que me deste para fazer. E agora, Pai, glorifica-me junto a ti, com a glória que eu tinha contigo antes que o mundo existisse.
>
> João 17.4-5

Uma iniciativa divina fora consumada e seria agora comemorada. O reino dele viera e sua vontade fora realizada. Esse é um retrato do Jesus público junto com o Pai que o havia designado — uma relação de trabalho.

Contudo, o conhecimento particular que Jesus tinha do Pai é muito mais do que "paicêntrico". Ele é parte da vida de Jesus. Ele não está agindo por obrigação, por identificação ou por responsabilidade pela vontade do Pai. Ele nos dá um sentido mais pessoal de sua motivação — um que brota do amor por seu Pai, Aba. Existe uma consciência de que o Pai está vendo sua vida e se relacionando com ele como Pai.

Do mesmo modo, o Filho busca uma maneira de ser a alegria do Pai. Não há comunicação demonstrativa — trata-se mais de simplesmente ser, o que é um poderoso testemunho do Espírito. Tal como Ryan e eu, não se trata de mensagens públicas; trata-se de Pai e Filho cruzando olhares. Trata-se de intimidade masculina.

Bom conhecedor

Jesus Cristo amava o relacionamento exclusivo que tinha com seu Pai e o fato de que ninguém o conhecia melhor. Ele se orgulhava do acesso limitado a seu relacionamento pessoal. O solo era sagrado. Eles compartilhavam de uma conexão profunda e gratificante, exclusiva deles. O que a tornava especial era o conhecimento interno um do outro. Nenhum ser humano jamais conheceria Jesus tão intimamente quanto o Pai e vice-versa. Essa dinâmica não era nem nunca será revelada, simplificada ou destilada para alguém. Contudo, o homem de Deus é conduzido por Cristo a esse mesmo relacionamento exclusivo com o Pai, para possuir e valorizar um elo singular com o Pai da mesma forma que Jesus fez. "Todas as coisas me foram entregues por meu Pai. Ninguém conhece o Filho a não ser o Pai, e ninguém conhece o Pai a não ser o Filho e aqueles a quem o Filho o quiser revelar" (Mt 11.27).

Esse é você, homem de Deus. Você já se deu conta do relacionamento íntimo que tem com o Pai?

Substitutos para o "conhecer"

Jesus Cristo de fato revelou alguns aspectos de como seu relacionamento Pai e Filho funcionava. Ele fez uma analogia com a familiaridade e o relacionamento que um pastor tem com suas ovelhas. As ovelhas conheciam a voz, a linguagem corporal, o assobio e o chamado de seu pastor. Vemos a dinâmica da exclusividade da conexão delas com ele. Assim como as ovelhas compartilham de uma consciência e de um conhecimento singulares de seu pastor, Jesus possui esse tipo de conexão rara com o Pai.

Pastores substitutos não davam certo, pois a familiaridade e o conforto que as ovelhas tinham com seu verdadeiro líder, provedor e protetor estavam contaminados por uma voz estranha. Surpreendentemente, o Bom Pastor entregou sua vida pelas ovelhas para dar a você uma chance de ter uma conexão íntima: "Eu sou o bom pastor; conheço as minhas ovelhas, e elas me conhecem, assim como o Pai me conhece e eu conheço o Pai; e dou a minha vida pelas ovelhas" (Jo 10.14-15).

> ***Sonhando***
> *Ninguém o conhece melhor do que seu Pai.*

Ninguém o conhece melhor do que seu Pai, assim como ninguém conheceu Jesus melhor do que o Pai dele.

Você também o conhece?

A ideia de compartilhar o pai com um irmão recém-adotado pode ser um ajuste difícil para algumas crianças. Existe o medo de que o amor especial pelos filhos naturais venha a diminuir de alguma maneira. Mas a vasta maioria dos filhos compartilha seu pai livremente e com disposição com o membro da família recém-adotado. Você poderia ter sido uma ameaça adotiva ao relacionamento entre Jesus e o Pai. Graças a Deus, porém, Jesus não se sentiu dessa maneira. Na verdade, o desejo dele é que você experimente a exata plenitude de relacionamento com o Pai que o Filho único e original possui.

> Pai justo, embora o mundo não te conheça, eu te conheço, e estes sabem que me enviaste. Eu os fiz conhecer o teu nome, e continuarei a fazê-lo, a fim de que o amor que tens por mim esteja neles, e eu neles esteja.
>
> João 17.25-26

O Filho único quer que você experimente e desfrute da filiação a seu Pai. Você já recebeu plenamente seu Pai adotivo como Papai?

Filiação simbiótica

A semelhança a Cristo tem tudo a ver com a filiação ao Pai. O sonho de Deus para você é experimentar, conforme exemplificado por Jesus, o relacionamento e a reciprocidade verdadeiros com ele. Pare um instante para absorver isso. Deixe que isso penetre em sua alma: seu Pai celestial está buscando você, o filho amado dele.

> Porque todos os que são guiados pelo Espírito de Deus são filhos de Deus. Pois vocês não receberam um espírito que os escravize para novamente temerem, mas receberam o Espírito que os adota

> como filhos, por meio do qual clamamos: "Aba, Pai". O próprio Espírito testemunha ao nosso espírito que somos filhos de Deus.
>
> Romanos 8.14-16

Deus deseja essa conexão especial com você agora mesmo. Ele quer olhá-lo nos olhos. Ele deseja uma conexão do tipo uma em um bilhão com seu filho. Ele quer que você sinta esse profundo senso de honra que o faz querer transmitir a nobreza dele para sua vida agora mesmo. Ele sonha com tudo o que você pode se tornar.

Todos os pais sonham com o que seus filhos poderiam ser. Neste caso, porém, existe uma diferença importante. Este Pai não desaponta. Não há pensamentos assombrosos ou demônios de caráter que possam sabotar os desejos e as visões mais profundas que ele tem para sua vida. Nada pode ao menos impedi-lo de ser o exemplo perfeito do que ele quer que você se torne. O sonho dele é ser a força criativa em sua vida, de modo que você seja o agente de sua expressão. E ele vai lhe conceder o poder ativo para levar isso a cabo através do Espírito Santo.

Ele quer que você experimente a eternidade como um primogênito.

Essa oferta se perdeu em muitos homens de fé. Eles não a entendem, não a veem, não experimentam a unção e a adoção de Deus em sua vida como filhos dele. Em outras palavras, eles perdem o sonho. Por causa de ignorância ou de pura teimosia, eles rejeitam a mão que seu Pai amoroso estende. E o desejo divino de filiação segue dolorosamente incompleto. Apenas o coração de um pai verdadeiro poderia dizer isto: "Com que alegria eu a trataria como se tratam filhos e lhe daria uma terra aprazível, a mais bela herança entre as nações! Pensei que você me chamaria de 'Pai' e que não deixaria de seguir-me" (Jr 3.19).

Espere um pouco. Deus se enganou aqui? Ou será que seu amor protetor e capacitador era tão forte a ponto de ele simplesmente não aceitar a rejeição? Explodindo de emoção por nós, a ferida não faz sentido para ele. Talvez isso esteja além do que sejamos capazes de compreender, mas talvez fosse o caso de o pensamento de rejeição ser impossível, até mesmo para Deus.

Pense na história do filho pródigo, e seu amor profundo fica ainda mais claro. Ele sabia que os outros podiam rejeitá-lo, mas seus próprios garotos? O que eu faria se os filhos pelos quais eu poderia morrer me desprezassem e descartassem minha forte afeição paternal? Não consigo sequer imaginar.

E quanto a você? Você está praticando o tipo de filiação que o faz sentir-se como um primogênito? Está buscando uma revelação especial de seu Pai, uma vez que somos informados de que ele já tem toda a revelação relacionada a você? Ouve o chamado diário dele para você? Conhece sua linguagem corporal, seu cheiro, seu assobio especial?

Ou existe alguma coisa no meio do caminho?

Hoje você pode começar a cruzar olhares com seu Pai. Neste exato momento, pode começar a viver o sonho de filiação que Deus tem para você. Jesus nos diz claramente como tudo deve ser quando existe um míssil Pai-filho travado sobre você.

Ouça a voz da experiência.

A filiação é autêntica

> No entanto, está chegando a hora, e de fato já chegou, em que os verdadeiros adoradores adorarão o Pai em espírito e em verdade. São estes os adoradores que o Pai procura.
>
> João 4.23

Acima de tudo, o Pai ama os filhos que são sinceros com ele. Quando chegamos, trazemos conosco tudo o que somos, sem desculpas ou fingimentos. Ele se alegra em ver você, com cicatrizes e tudo mais. Somos transparentes com ele, como filhos inocentes que permitem a entrada dos pais em seu mundo. Nós nos envolvemos com ele como ele é — nosso Pai que nos vê — com o bom e o não tão bom dentro de nós. É então que nos conectamos.

Portanto, homem de Deus, você é artificial ou autêntico com seu Pai celestial?

A filiação consiste de interação particular

> Mas quando você orar, vá para seu quarto, feche a porta e ore a seu Pai, que está em secreto. Então seu Pai, que vê em secreto, o recompensará.
>
> Mateus 6.6

Nunca me esquecerei da noite em que disse a Deus que queria vê-lo. Você consegue imaginar a audácia? Eu tinha 17 anos e estava procurando, sem manipulação ou desejos egoístas. Fui para o quarto, fechei a porta e, da maneira mais sincera que eu sabia, disse a Deus: "Quero vê-lo". Ninguém estava no quarto comigo, até que o Pai que vê chegou. Naquela noite, pela primeira vez, senti um amor paternal, e nunca deixei de buscar isso a portas fechadas.

> ***Sonhando***
> *Deus se alegra em ter uma audiência particular com seu filho.*

Algumas coisas jamais deveriam mudar, como ter conversas particulares com seu Pai e compartilhar coisas particulares com ele antes de fazê-lo com amigos, parceiros espirituais, cônjuges ou colegas. Ele está sempre à espera, e ele se alegra em ter uma audiência particular com seu filho.

Onde você gostaria de ver seu Pai aparecer em sua vida neste momento? Você já pediu? Como anda o diálogo? Ele me disse para lhe falar isto: "Estarei lá".

A filiação é atenção suficiente

> Mas quando você der esmola, que a sua mão esquerda não saiba o que está fazendo a direita, de forma que você preste a sua ajuda em segredo. E seu Pai, que vê o que é feito em segredo, o recompensará.
>
> Mateus 6.3-4

Em nossa cultura viciada em aprovação, crises de caráter podem surgir quando as pessoas dão valor excessivo à opinião dos homens. Podemos facilmente cair num tipo de rotina esquizofrênica de, alternadamente, amar e odiar a opinião dos que estão ao nosso redor. Graças a Deus por filhos que se importam menos com homens e mais com o que o Pai pensa. A filiação faz com que as linhas que os homens usam para se separar uns dos outros fiquem turvas ou até mesmo desapareçam. O Pai deveria ser a única audiência que de fato importa.

O filho que busca a atenção do Pai obtém a atenção do Pai. A recompensa é o reconhecimento, a presença e o apoio dele. Ela é feita daquilo que os pais verdadeiros e os filhos compartilham. A aprovação de seu Pai celestial é suficiente? Ou você está buscando outro tipo de validação?

Viva como filho

Tornar-se como Cristo significa aprender a viver como filho, a confiar em seu Pai de maneira tão intuitiva e implícita que a comunicação consciente dá lugar a uma filiação internalizada e simbiótica. Você passa da suposição para o conhecimento do que ele está sentindo, e reage a isso como sua força motriz. Você pode conhecer os desejos do Pai como filho dele, conhecer o olhar de seus olhos, o mover de sua cabeça.

Acredite, você pode ser íntimo assim. No sonho de Deus, você pertence a ele. Considere esse pertencer como a distinção entre adoração vocacional e filiação relacional. Uma das correntes é motivada por tempo e pessoas. A outra é motivada pela presença e pelo Pai. Uma é o processo público de parceria mútua e investimento numa missão compartilhada. A outra é uma dança masculina de alma e de conhecimento entre o Pai e o seguidor. De acordo com as Escrituras, esses dois relacionamentos dinâmicos são voltados para o significado, mas apenas um é pessoal, estendendo-se para o âmbito de um laço familiar que une de maneira mais próxima que todos os outros.

Jesus Cristo era próximo de seu Papai e eles adoravam fazer um ao outro sorrir. Isso é filiação. É nosso principal exemplo dessa conexão incomum de reciprocidade entre duas almas.

Portanto, filho, trate de conhecer "o olhar". E caminhe como seu Papai.

9

Aspirina em carne e osso

> Somente a compaixão se coloca à parte do contínuo
> tráfego de procedimentos bons e ruins dentro de nós.
> ERIC HOFFER

Em 8 de dezembro de 1941, minha mãe ouviu os sons da guerra pela primeira vez em sua vida. Esquadrões aéreos do império do Japão afundaram uma fragata e bombardearam uma instalação da Marinha.

O choque e o medo cruzaram sua mente. Poucos dias antes, a conversa em Guam era que os japoneses nunca enfrentariam os Estados Unidos numa batalha direta pela ilha. A bolha desse desejo estourou naquela manhã. Para os chamorros (os habitantes locais da ilha), pânico, medo e caos se instalaram.

Em 9 de dezembro, a ilha foi cercada pela força de invasão japonesa e, nas primeiras horas da manhã do dia 10, cinco mil japoneses começaram a desembarcar em diversas praias, todos seguindo na direção de Agana (pronuncia-se "agânha"), capital de Guam. A ilha foi cercada no mesmo dia em que o comandante-chefe japonês promulgou um decreto nefasto e o postou por toda a ilha. Minha mãe leu estas palavras:

> Por meio deste decreto proclamamos que nosso exército japonês ocupou esta ilha de Guam por ordem do Grande Imperador do Japão. Isso se fez com o propósito de restaurar a liberdade

e resgatar todo o povo asiático e criar paz permanente na Ásia. Dessa forma, nossa intenção é estabelecer uma Nova Ordem no mundo.

Nenhum cidadão de bem precisa se preocupar com nada sob a regulamentação de nossas autoridades japonesas e pode desfrutar de sua vida diária, visto que garantimos suas vidas e nunca perturbaremos nem saquearemos sua propriedade. No caso, porém, em que exigirmos suas acomodações para fins militares e de acomodação, vocês atenderão prontamente nossos pedidos. Nesse caso, nosso exército não deixará de realizar o pagamento em nossa própria moeda.

Aqueles que agirem com desacato e que fizerem espionagem contra nossas iniciativas serão levados à corte marcial e o exército levará a cabo a execução por fuzilamento!

Este documento é datado como sendo promulgado em 10 de dezembro de 2601 no calendário japonês ou 10 de dezembro de 1941.

Por ordem do comandante-chefe japonês.[1]

O altruísmo era uma mentira, mas não a ameaça de represália. Mamãe fez parte dessa página da história humana de sofrimento e sobrevivência. Ela se lembrava disso com a precisão de um laser:

- Esconder George Tweed, operador de rádio de primeira classe da Marinha dos Estados Unidos durante o tempo da ocupação, o único soldado americano que não foi morto ou capturado pelos japoneses.
- Uma batalha área e, por fim, a derrubada de um avião Zero japonês por um P-38 americano.
- Esconder uma bandeira americana no sutiã e orar diversas vezes por dia, diariamente, para que os marinheiros viessem.
- Os campos de concentração na parte sul da ilha e o abuso de mulheres por parte dos soldados.

- Os massacres, incluindo a decapitação de entes queridos.
- A compaixão de um oficial japonês que a família de minha mãe conhecia como "o nosso anjo".

"Anjo"

Sua primeira lembrança era a de que ele falava um inglês perfeito. Segundo minha mãe, ele era um japonês de nascimento que fora enviado aos Estados Unidos para receber educação universitária em Harvard, pouco antes do início da guerra. Voltou para casa e foi rapidamente destacado, treinado e comissionado como oficial naval, designado para as Forças Expedicionárias Asiáticas. Assim que os japoneses posicionaram tropas por toda a ilha, enviaram americanos capturados para prisões no Japão, implantaram toque de recolher e passaram a controlar todas as comunicações, o governo do exército cedeu lugar ao governo da marinha no controle da ilha durante a primavera de 1942.

O "anjo" fazia parte desse novo governo.

Por dois anos e meio, minha mãe foi prisioneira de guerra em sua própria casa. O horror da invasão deu lugar à resignação, à cooperação passiva com as autoridades e a um medo constante de estupro e execução. A família de minha mãe foi selecionada e seguida de perto pelo comando japonês porque meu avô, Baltazzar Carbulido, era educador na ilha. O respeito dos japoneses pelos *sensei* (professores), combinado com a iniciativa deles de treinar assistentes de ensino, permitiu que meu avô fosse favorecido.

Minha mãe, juntamente com várias de suas amigas, deveria ser treinada para trabalhar como tradutora. Esse treinamento interrompeu o trabalho forçado delas nos campos de arroz. Foi durante essa época que seu anjo apareceu, em toda a pompa de seu uniforme de oficial, com espada na cintura, cavalgando um cavalo enviado pela marinha. Sua presença visava apenas a dar ordens

— não havia nenhum tipo de envolvimento pessoal. Mas quando a maré da guerra voltou-se contra os japoneses, seu coração começou a extravasar em comportamentos que o teriam levado à corte marcial e à imediata execução.

Segundo minha mãe, o período de relativa calma terminou abruptamente com o bombardeio da pista de pouso de Orote. A face da ocupação tornou-se maligna outra vez. Os japoneses destacaram todos os homens disponíveis para batalhões de trabalho na construção de qualquer coisa, de abrigos antiaéreos até casamatas para posicionamento de armas. A apatia prevalecia entre os homens e mulheres de Guam, que trabalhavam sob as piores condições — eram chutados, esmurrados e espancados por seus supervisores japoneses. Campos de concentração foram montados em diversos pontos para impedir que os ilhéus ajudassem os libertadores americanos. Os habitantes locais começaram a experimentar os piores massacres: eram forçados a entrar em cavernas, as entradas eram seladas e granadas eram atiradas lá dentro. Homens eram baleados e jogados nas trincheiras que eles mesmos haviam acabado de cavar. Centenas de homens carregando comida e munição para posições japonesas eram baleados e decapitados.

> O "anjo" de minha mãe teria enfrentado a corte marcial e à imediata execução.

Contudo, durante esse período negro, o anjo andava ocupado.

- Ele advertiu a família de minha mãe sobre a iminente invasão da marinha americana e a esperada retaliação que colocaria a todos em perigo.
- Ele cavalgou até o local onde a família de minha mãe estava escondida na selva para dar instruções sobre onde se esconder das patrulhas japonesas que estavam capturando homens e mulheres para trabalhos forçados. Em três ocasiões essa informação os salvou.

• Quando foram finalmente capturados, ele seguiu a família de minha mãe por todo o cativeiro e garantiu que fossem designados a trabalhar nos campos de arroz.

• Ele protegeu minha mãe e suas amigas para que não se tornassem "mulheres de conforto" para os comandantes japoneses.

• Ele as avisou sobre possíveis massacres e forneceu planos de fuga. Minha mãe se lembra de ver os pés de soldados japoneses passando por cima dos buracos escondidos no chão da floresta, orando para que seus olhos fossem fechados.

Há pouco tempo, liguei para Helen, a irmã mais nova de minha mãe (hoje na casa dos 70 anos) para confirmar as histórias e reunir mais detalhes. Ela confirmou todos eles e ofereceu algo mais para o qual eu não estava preparado: profunda gratidão por aquele homem, mais de sessenta anos depois. Numa voz bastante delicada e quase inaudível, ela disse: "Nós o chamávamos de nosso anjo. Gostaria muito de ter descoberto seu nome verdadeiro. Ele precisa ser reconhecido". Sua voz falhou e ficou sufocada no outro lado da linha. A compaixão de um homem ainda estava viva e falando comigo. E nem sequer sabíamos o nome dele!

Minha própria existência muito provavelmente dependeu da compaixão desse homem no meio daquela época horrível durante a Segunda Guerra Mundial. Duvido que eu seja capaz de agradecer a ele ou a sua família. Não sei o que o motivou a colocar a própria família em um risco como aquele, e nunca saberei. Mas, de fato, sei que de todos os grandes heróis de guerra de todas as épocas, nenhum jamais ocupará o lugar desse guerreiro compassivo conhecido por mim apenas como nosso anjo.

> Por meio da bondade você pode realizar aquilo que não pode pela força.
>
> Publílio Siro

Pergunte ao leproso

A compaixão alegra o coração daqueles que seguem pela estrada da dor.

Minha mãe sentiu-se muito ajudada no meio de sua batalha pela sobrevivência. Nos tempos de conforto anteriores à guerra, os atos de bondade da parte daquele oficial japonês jamais teriam tido o efeito de tsunamis emocionais em sua alma como o que aconteceu durante o conflito.

A mensagem: Você não foi abandonada.

A história de minha mãe é dramática. Mas você não precisa de uma guerra mundial para criar um contexto favorável ao poder da compaixão. Todos os dias em que Jesus caminhou pela terra estavam cheios de batalhas sendo travadas — físicas, emocionais, políticas, relacionais e psicológicas — nas quais a compaixão dele encontrou lugar. Sem compaixão, Jesus não poderia ter satisfeito as exigências da realidade que ele veio abordar. E, como seu agente e embaixador, você também não consegue. Seu exemplo não presumia que a compaixão sozinha seria capaz de eliminar o mal totalmente, mas, enquanto estivesse na terra, ele podia mitigá-lo, envolver-se e resistir a ele.

> A compaixão alegra o coração daqueles que seguem pela estrada da dor.

Foi isso o que fez de Jesus, Jesus. É isso o que faz de um homem de Deus um homem de Deus.

E no processo de enxergar essa necessidade e reagir de acordo com o caráter de Cristo, o homem de Deus pode enviar uma mensagem mais poderosa do que qualquer ato e sobressair diante de quaisquer realizações menores. A compaixão se torna sua própria lei, exercendo com força dominante uma autoridade mais elevada, uma assinatura de Deus.

As mensagens da compaixão esmagadora de Jesus eram transmitidas em alto e bom som.

A mensagem da identidade

> Um leproso aproximou-se dele e suplicou-lhe de joelhos: "Se quiseres, podes purificar-me!" Cheio de compaixão, Jesus estendeu a mão, tocou nele e disse: "Quero. Seja purificado!".
>
> Marcos 1.40-41

A liberdade de tocar o intocável vinha de uma identidade livre das opiniões do homem, livre das compulsões da cultura e livre das pressões da política. A compaixão faz com que o mundo saiba que você é livre para ser um homem de Deus. Você age diante de uma plateia de uma única pessoa. Isso é uma coisa rara. É atraente. Tem semelhança com Cristo. Ele viu o homem, seu coração respondeu e sua identidade no Pai o libertou para estender a mão em vez de seguir a política do puro e do impuro. O sonho de Deus é que você seja igualmente forte e seguro nele a ponto de a compaixão de Cristo poder fluir livremente para aqueles que precisam de seu toque. A compaixão estabeleceu Jesus como aquele que agrada a Deus, em oposição àquele que agrada aos homens. Nossa liberdade de tocar e satisfazer as necessidades é sempre um reflexo de nossa identidade.

A pergunta é: quão livre você está para poder tocar os intocáveis?

A mensagem da realidade

> Quando Jesus saiu do barco e viu tão grande multidão, teve compaixão deles e curou os seus doentes.
>
> Mateus 14.14

Vários pontos dos evangelhos revelam o processo usado por Jesus para captar uma visão (ele viu), reagir internamente (compaixão) e, então, responder (curando, tocando, alimentando, ensinando ou exortando). As respostas compassivas de Cristo não são possíveis sem que haja disposição de se conectar visual e emocionalmente com a realidade. Num enorme contraste com os líderes espirituais de sua época, sua consciência visual da necessidade fazia com que ele respondesse com compaixão, em vez de permitir que sua mente racional lhe servisse de desculpa.

A compaixão é a simples diferença entre negar a realidade e abraçá-la. "Ele viu" é a manchete da compaixão na vida de Cristo — olhos arregalados. Por onde ele ia, estava disposto a fazer o que pudesse naquele momento. Jesus via pessoas sem comida, sentia empatia por seu apuro e encontrava uma maneira de alimentá-las. Via pessoas tristes, experimentava uma reação interna e chorava com elas. Via pessoas sem direção, reagia com compaixão e começava a ensinar. Pela própria vida de Jesus vemos que a compaixão significa responsabilidade diante das frágeis realidades ao redor. "Não é problema meu" não estava no vocabulário de Jesus, pois as pessoas ao redor dele eram parte de sua realidade.

A compaixão surge ao se enxergar a realidade e não fugir dela, negando ou se escondendo dela. Uma vez que não estava fechado em si mesmo, Jesus era livre para enxergar a realidade e agir. Algumas ele pôde consertar na hora. Outras levariam um pouco mais de tempo. E outras ainda teriam de esperar sua volta. Mas isso não o impediu de agir.

Se você tem medo da verdade e da realidade, então terá uma expressão distante de compaixão. Pergunte a si mesmo: "Eu abraço a realidade e trabalho com ela, ou invento desculpas para fugir?". Você verá uma conexão direta em sua habilidade de agir de maneira compassiva.

A mensagem da dignidade

> Mas um samaritano, estando de viagem, chegou onde se encontrava o homem e, quando o viu, teve piedade dele. Aproxi-

mou-se, enfaixou-lhe as feridas, derramando nelas vinho e óleo. Depois colocou-o sobre o seu próprio animal, levou-o para uma hospedaria e cuidou dele.

Lucas 10.33-34

É mais importante — mais do que qualquer outra coisa — reconhecer quem é o samaritano da passagem. Esse escoteiro premiado é um estrangeiro odiado, mas Jesus o dignifica com o *status* de herói. Jesus nos dá três colheradas de dignidade, transbordando de compaixão. Mais uma vez, perceba a progressão: ele "o viu" e, então, "teve piedade dele". Ele faz uma transferência, originada em sua própria vida, daquilo que foi perdido pelo homem que foi roubado, espancado e deixado para morrer:

- Ele troca de posição com o homem ferido em seu próprio animal.
- Ele substitui sua própria agenda pela missão de ajudar o homem.
- Ele substitui a incapacidade do homem de pagar por seu próprio pagamento.
- Ele abre mão de seu tempo para ministrar ao homem.
- Ele entrega sua própria dignidade para restaurar a dignidade de outra pessoa.

As ações falam mais alto e mais claro do que quaisquer possíveis palavras. O samaritano realmente pulou dentro da pele do homem ferido e não se permitiu ficar em paz até que tivesse restaurado a paz para ele. Essa é a melhor definição funcional de compaixão que alguém pode encontrar e o melhor retrato de restauração de dignidade: o ato de despir-se da própria dignidade.

Isso lhe soa familiar? A habilidade de demonstrar compaixão semelhante à de Cristo está intimamente ligada a nossa própria disposição de nos tornarmos indignos. A pergunta a fazer a si mesmo é: "Quão indigno estou disposto a ser com o objetivo de satisfazer as necessidades de outra pessoa?".

A mensagem da urgência

> Ao ver as multidões, teve compaixão delas, porque estavam aflitas e desamparadas, como ovelhas sem pastor. Então disse aos seus discípulos: "A colheita é grande, mas os trabalhadores são poucos. Peçam, pois, ao Senhor da colheita que envie trabalhadores para a sua colheita".
>
> Mateus 9.36-38

A palavra grega traduzida aqui como compaixão é *splagnizosthé* (cujo som é bastante parecido com o significado): "das entranhas". Jesus não foi socado, mas recebeu um golpe nas tripas. E, com base no que viu, ele reagiu da maneira como agora passamos a esperar: seu coração se partiu por causa da dificuldade dos outros. Ele se deteve (em vez de se desviar) naquilo que viu por tempo suficiente para que fosse feita uma correlação em sua própria mente que firmou sua resolução em agir. Exceto por esta vez, ele não pôde satisfazer todas as necessidades sozinho, de modo que projetou suas entranhas sobre aqueles que estavam ao seu redor com, digamos, energia.

A mensagem: não existe essa coisa de resposta compassiva atrasada! Se Jesus não podia ele mesmo aliviar o sofrimento, então ele usaria Deus, oração, outros discípulos e todo e qualquer meio necessário para ajudá-lo. Sua compaixão foi o catalisador que criou o senso de urgência naqueles que estavam ao seu redor. Seu propósito: abrir os olhos deles para que tomassem parte na responsabilidade.

Seria mais fácil aceitar a derrota. O problema era grande demais para um homem. Não jogue um sentimento de culpa em ninguém. Mas não. Não o Deus-homem. Ele não se permitiria perder a oportunidade. A espera faria com que fosse tarde demais. A compaixão sempre leva à urgência. Pergunte a si mesmo: "É a apatia ou a urgência que define minha resposta à dor dos outros?".

> ***Sonhando***
> *A compaixão sempre leva à urgência.*

A mensagem da responsabilidade

> Então o Rei dirá aos que estiverem à sua direita: "Venham, benditos de meu Pai! Recebam como herança o Reino que lhes foi preparado desde a criação do mundo. Pois eu tive fome, e vocês me deram de comer; tive sede, e vocês me deram de beber; fui estrangeiro, e vocês me acolheram; necessitei de roupas, e vocês me vestiram; estive enfermo, e vocês cuidaram de mim; estive preso, e vocês me visitaram".
>
> Mateus 25.34-36

Muitos podem desprezar a compaixão no momento, mas Deus não despreza nunca, jamais. Não importa onde você se coloque em termos teológicos no que se refere a *quando* as palavras acima serão faladas. Elas *serão* faladas. Serão ditas a homens que, naquele momento, talvez creiam que tenham conseguido ludibriar a Deus. Que, de alguma forma, Deus tenha deixado passar a exigência da compaixão. Mas ele avalia nosso compromisso de acordo com esse valor moral de compaixão. Conhecer alguém intelectualmente não é suficiente. Você precisa entender o que é importante para uma pessoa e adotar as preocupações dela como se fossem suas.

A eternidade e as pessoas que compartilham dela com o Rei compartilharão também uma qualidade: a compaixão pelos necessitados e o caráter para tomar uma atitude em relação a isso. De fato, a história para cada um de nós culminará num ato cósmico de compaixão da parte de Deus. "Ele enxugará dos seus olhos toda lágrima. Não haverá mais morte, nem tristeza, nem choro, nem dor" (Ap 21.4). A compaixão de Deus triunfa no céu, aliviando nossas perdas, sofrimentos e dores. A razão principal de não podermos colocar de lado as necessidades dos outros é que Deus nunca coloca as nossas necessidades de lado! Ele continua a satisfazê-las até que nossa paz se torne sua paz e possamos ambos descansar. Compaixão, na mente de Jesus, é o sinal e o selo da salvação, tornando-nos responsáveis até o derradeiro fim.

Santidade é compaixão, e compaixão é a mais elevada forma de santidade. Faça esta pergunta a si mesmo: "Como defino santidade? Permito-me ver, sentir e agir como Jesus, ou desprezo a necessidade?".

Quando a Bíblia diz "Seja a atitude de vocês a mesma de Cristo Jesus", você não pode deixar de lado o caráter dele de compaixão (Fp 2.5). Se o sonho de Deus para nós é o próprio Cristo, então Deus olha para você e vê que não há nada tão fundamental para sua identidade quanto a compaixão.

> Todo homem que come deve se lembrar daqueles que têm fome. E todo homem que se alegra no evangelho deve ter compaixão daqueles que nunca ouviram falar dele. Jesus teve!
>
> Stuart Briscoe

Ternura é destemor

A apatia é para a indiferença o que a ternura é para a compaixão.

Quando olha para Cristo, o Rei, você vê a tendência na direção da ternura. Parece algo absurdo no mundo do homem, mas está perfeitamente correto no mundo de Deus. Uma medida verdadeira de coragem é a disposição de ser terno quando a compaixão o exige. Incapacidade de ser terno é ter medo — do homem, das aparências ou da realidade, o que esconde um medo ainda maior da responsabilidade.

Ai! Estou me matando aqui. Intimidade com pessoas não é meu ponto forte. Mas sei que ela é alcançável porque "tudo posso naquele que me fortalece" (Fp 4.13). E ele diz que seu caráter, que inclui reconhecer a dor e agir com compaixão, pode ser formado em mim.

O que mostraria ao mundo que o coração de um homem é livre para responder ao Espírito Santo? A resposta: ternura. À ternura ele deve adicionar a noção de oportunidade, e à noção de oportunidade ele deve adicionar a tenacidade, pois a hora de agir não respeita as circunstâncias. O homem de Deus, tal como seu Rei, só se preocupa em satisfazer a necessidade.

> ***Sonhando***
> *Incapacidade de ser terno é medo.*

Comece com seu círculo imediato de influência e pergunte a si mesmo: "Vou me acovardar e fugir ou vou atacar aquelas necessidades com compaixão? Oferecerei um toque gentil ou procurarei desculpas para fugir? Vou me permitir assistir à dor em vez de tentar consertar o problema? Abrirei mão da minha própria dignidade para restaurar a de outra pessoa?".

Essas são algumas das maiores questões com as quais eu mesmo estou enfrentando dificuldades. Talvez você, como eu, não tenha se formado na escola da compaixão. O fato é que me treinei para não sentir. Para sobreviver durante a juventude, participei da guerra dos sentimentos. Tornou-se um hábito de vida. Mas estou reaprendendo como ser terno, como ser destemido em Cristo. E estou descobrindo que essa compaixão e ternura me custam bem pouco. Contudo, realizam muito na vida de outras pessoas quando eu simplesmente tenho a coragem de colocá-las em ação pela fé. Isso mantém elevada a minha disposição de arriscar.

Mas ainda tenho dificuldades para colocá-las em prática no dia a dia.

É por isso que John Hall me acerta com um soco no queixo quando diz: "Palavras bondosas, olhares bondosos, atitudes bondosas e apertos de mão calorosos. Esses são os meios de graça secundários quando homens com problemas estão travando suas batalhas ocultas". Em cheio!

A compaixão não tem a ver comigo, mas com o ato de lutar pelos outros. Ora, com *isso* eu vejo relação. Adoro ajudar as pessoas a travarem suas lutas ocultas em nome de Jesus. Mas para fazer isso, tenho de desenvolver discernimento e sensibilidade para perceber quando a batalha está quente. Preciso daqueles olhos para ver. Aprendo muito ao estudar Jesus, sentir seu ritmo e reconhecer que situações emocionalmente difíceis são os momentos exatos em que ele está pedindo que eu me preocupe com alguém.

Aos poucos vou chegando a uma nova definição de masculinidade, que tem suas raízes na ternura como sinal de tenacidade espiritual. Começo a sentir o fato de que as melhores partes de minha vida serão os atos esquecidos de compaixão que forem lembrados por Deus. Estou aprendendo que a compaixão triunfa todas as vezes sobre a condenação e que a empatia prática fornece a sombra emocional necessária para a alma queimada de sol e esgotada — um conforto, um alívio, uma pausa que permite que as pessoas esqueçam sua dor e encontrem novamente a esperança.

> "A apatia é a luva na qual o mal desliza sua mão." Bodie Thoene, *Munich Signature*

A tendência de Jesus em relação à ternura e à disposição de confortar os outros na dor é bem documentada. Sua bondade nunca diminuiu suas forças ou amoleceu suas fibras — ela simplesmente o fez se destacar ainda mais como líder. Nós o vemos se mover livremente ao estender compaixão, mas não vemos alguém que satisfez toda e qualquer necessidade. O que vemos é um homem tocado pela necessidade que permite que a necessidade o mova. Sua ternura fez com que ele fosse tanto temido quanto destemido.

Nesse sentido, o sonho é simples: seja movido e se mova.

10

Veja o passado

O homem que se volta para fora é a porta que vai e vem; o homem que se volta para dentro é a dobradiça que fica imóvel.
MEISTER ECKHART

Homens são como *icebergs*: você só vê a ponta.

Veja o Jim. Ele subiu até o palco depois de eu ter falado numa conferência para homens. Apertou minha mão e não disse nada. Sua face aparentava exaustão e felicidade ao mesmo tempo. Ele não largava minha mão.

Balançando a cabeça lentamente, ele permaneceu em silêncio. Lágrimas corriam por sua face.

Depois de cerca de dez segundos inteiros assim, decidi simplesmente relaxar. Olhei em seus olhos e deixei que o aperto falasse por ele. Não iria apressá-lo. Depois de outros dez segundos, o que parece uma eternidade quando você está segurando as mãos de um cara que está chorando na frente de um monte de outros caras, ele finalmente abriu a boca. Um suspiro grande e profundo saiu e, como um fecho de pressão, ele simultaneamente soltou minha mão já esbranquiçada, permitindo que ela voltasse a sua forma e cor naturais.

— Obrigado — disse ele, dando um pequeno passo para trás, olhando-me diretamente nos olhos. — Muito obrigado.

Então, como um fantasma, ele desapareceu.

Algumas semanas depois, notei um envelope escrito à mão na minha caixa de correio. Ele se destacava no meio de uma pilha de cartas que eu precisava ler e, por isso, peguei-o primeiro. Hoje em dia, aqueles envelopes que trazem o endereço escrito à mão, em vez de feitos numa impressora, se parecem mais com um manuscrito da Roma antiga: são muito raros. De imediato, sei que essas notas especiais ou vêm de uma penitenciária ou de outros países. Eu estava certo — mais ou menos.

Era de um homem que acabara de ser solto da prisão e que, em função de sua condicional, não poderia ter um computador. Era o homem-fantasma do retiro. Ele reaparecia agora para responder à pergunta que não pôde responder naquele final de semana. Ele precisava compartilhar o que estava se passando abaixo da linha-d'água de seu *iceberg*. Cada palavra que eu lia revelava a gigantesca realidade que não pude ver antes, aquilo que ele não pôde revelar anteriormente. Aqui está:

"Papai, há alguns policiais aqui que querem ver você."

> Caro Kenny,
>
> Voltei para a igreja depois de minha prisão em 2003. Casado por vinte anos, quatro filhos, uma ótima casa, carreira de jornalista, ativo na comunidade e um servo fiel na igreja. Então, aos 40 anos, coloquei tudo em risco por conta de um relacionamento com uma adolescente que conheci na internet. Arrisquei tudo e perdi. A mãe da minha vítima descobriu. Dois dias depois, meu filho de 5 anos veio até mim e disse: "Papai, há alguns policiais aqui que querem ver você". Eu estava na primeira página do jornal da minha cidade.
>
> Depois de levar um tapa na cara e recobrar a consciência, estupefato diante da profundidade da minha queda, agarrei qualquer coisa que pude encontrar. Comprometi-me a parti-

cipar semanalmente de um grupo de homens. Os homens que encontrei naquele grupo ouviram e conheceram o pior que havia em mim — e, ainda assim, me amaram. Quando fui para a prisão, eles continuaram mantendo contato, me visitaram e, eu sei, oraram por mim.

Saí da prisão dois anos depois. Após três dias minha esposa pediu o divórcio. Não tenho permissão de ver meus filhos. Assim, aquela conferência foi a reunião de tudo o que ansiei por três anos — três LONGOS anos — e não fui decepcionado. Seis membros do grupo original ficaram no mesmo quarto. Fui abençoado além do que poderia imaginar e, quando falei com você naquela noite, a bênção foi maior do que as palavras poderiam dizer. Queria que você soubesse a razão disso. Você conhece a história dos quatro homens que levaram seu amigo doente e o desceram pelo teto para que visse Jesus? Eu estou na maca. Aquele homem sou eu. Desse modo, como disse naquela noite, obrigado.

Jim

Algo como três quartos dos homens que comparecem às minhas palestras estão lutando para matar o dragão da transigência na área sexual. Dos casados, mais da metade tem grandes dificuldades conjugais. Entre dez deles, pelo menos nove estão gerenciando uma crise geradora de estresse ou problemas pessoais para os quais precisam de ajuda. O resto está fingindo.

Você talvez não seja culpado do vício de Jim, mas isso acontece porque você tem um vício diferente. O pecado dele é do tipo que a sociedade adora reprovar. Os pecados dos outros homens são mais "respeitáveis", de modo que, naturalmente, muitos adorariam se levantar e atirar pedras. Contudo, se Jesus nos dissesse: "Se algum de vocês estiver sem pecado, seja o primeiro a atirar pedra", logo surgiria o som de pedras caindo de nossas mãos (Jo 8.7).

De fato, Jesus nos disse isso. Sua visão sempre vai abaixo da linha-d'água. Uma das dinâmicas surpreendentes da conferência Every Man é que o Espírito Santo costuma usá-la para levar os *icebergs* dos homens ao nível do mar. De maneira quase imperceptível, a autenticidade na sala cria transparência, a transparência cria vulnerabilidade e essa vulnerabilidade cria um estranho tipo de intimidade masculina (que, é claro, são duas palavras que nunca aparecem juntas). A temperatura emocional da sala é surpreendentemente honesta e, no final, o que começa como a ponta da vida de um homem torna-se repentinamente essa realidade gigantesca que se ergue bem diante de nossos olhos.

O que está abaixo da linha-d'água? Coisas como:

- Meu casamento acabou quatro meses atrás porque os sentimentos de minha esposa estavam mortos.
- Tive um caso que devastou meu casamento.
- Destruí o espírito e a confiança de minha esposa e de três filhos ao menosprezá-los, criticá-los e culpá-los.
- Quero deixar a vida 80/20 e viver 100% para Deus.[1]
- Estava muito sozinho. Agora estou ligado a alguns bons homens.

Estamos flutuando num oceano de amigos e conhecidos, colegas de trabalho, grupos da igreja e toneladas de associações de homens que veem apenas a ponta de nosso *iceberg*. Essas são as verdades emocionais que os homens mantêm abaixo da superfície num regime de 24 horas por dia, 7 dias por semana, e ninguém sabe quão influentes esses assuntos são para a vida deles. A tragédia é que esses problemas que espreitam por baixo produzem emoções negativas em excesso. Deixados sozinhos, traduziremos essas emoções em reações prejudiciais. Esses sentimentos poderosos são os cantos pontiagudos que fazem naufragar família, fé e futuro.

O mais incrível de tudo é que culturas masculinas por todo o mundo são treinadas para aceitar apenas o topo, a superfície visível dos homens, à custa da substância verdadeira de sua vida. Aceitamos essas pessoas pelo valor nominal, fazemos perguntas com um milímetro de profundidade e alegremente carimbamos uma resposta.

— Como vão as coisas, Tom?

— Maravilha, Larry.

Fazemos isso por hábito, por cultura. Estamos todos dolorosamente absorvidos em nossos próprios problemas. Gastaríamos muito capital emocional se optássemos por ir mais fundo. O que restaria para nós mesmos?

Lidar apenas com a superfície alheia elimina o verdadeiro propósito de estar conectado com outros. Deus nos planejou para ajudar, redimir, equipar, encorajar, advertir e aconselhar nossos irmãos como família, como bons samaritanos. Em vez disso, porém, nosso desconforto com a realidade e a falta de caráter prova nossa imaturidade.

Não podemos ficar tão surpresos quando um irmão em nossa comunidade mais íntima faz algo que chamaríamos de escândalo. Como podemos expressar choque diante do comportamento dos homens quando, se formos honestos, não existe uma base relacional verdadeira ali? Que conhecimento pessoal nos permite ficar chocados? Afinal de contas, comentários sobre O Escândalo se fundamentam numa imagem percebida que se baseia em interações finas feito papel, como conferir a caixa de correio. "Jamais esperaria que ele fizesse isso. Ele parecia um cara tão bacana".

A coisa mais honesta a dizer seria "eu não conhecia aquele cara direito". Infelizmente, é isso o que ainda acontece em muitos círculos supostamente íntimos de homens — pessoas que apresentam a ponta de suas vidas num contexto aceitável sob o pretexto de comunhão. Como é surpreendente ver que temos medo de ir mais fundo por receio de ofender, sendo que aqueles homens estão sangrando bem diante de nossos olhos.

Jesus não era homem de aceitar as pontas de ninguém. Ele sempre trabalhava para ir abaixo da linha-d'água e ajudar as pessoas a aceitar suas verdadeiras questões. Eram as questões que as impediam de experimentar o melhor de suas vidas. Se você quer ser um homem de Deus e colocar em prática o caráter do Deus-homem, então também não pode aceitar mais as pontas.

Peguei você!

A semelhança a Cristo tem a ver com deixar de lado o exterior dos homens e discernir quais são os grandes *icebergs* emocionais que estão na vida das pessoas. Quando o Mestre entrava em ação, ele ia fundo.

A mulher junto ao poço

> "Quem beber desta água terá sede outra vez, mas quem beber da água que eu lhe der nunca mais terá sede. Ao contrário, a água que eu lhe der se tornará nele uma fonte de água a jorrar para a vida eterna."
>
> João 4.13-14

Sedenta? Mais ou menos. Sedenta de intimidade com o Deus que tudo vê? Com certeza.

O jovem rico

> Jesus respondeu: "Se você quer ser perfeito, vá, venda os seus bens e dê o dinheiro aos pobres, e você terá um tesouro nos

> céus. Depois, venha e siga-me". Ouvindo isso, o jovem afastou-se triste, porque tinha muitas riquezas.
>
> Mateus 19.21-22

Interessado em se tornar um homem de Deus? Não, obrigado, serei o homem do dinheiro.

Os fariseus

> Então os fariseus e os mestres da lei perguntaram a Jesus: "Por que os seus discípulos não vivem de acordo com a tradição dos líderes religiosos, em vez de comerem o alimento com as mãos 'impuras'?" Ele respondeu: "Bem profetizou Isaías acerca de vocês, hipócritas; como está escrito: 'Este povo me honra com os lábios, mas o seu coração está longe de mim. Em vão me adoram; seus ensinamentos não passam de regras ensinadas por homens'. Vocês negligenciam os mandamentos de Deus e se apegam às tradições dos homens".
>
> Marcos 7.5-8

Interessado em agradar a Deus? Não, não. Vamos simplesmente manter as coisas do jeito que estão; é muito mais confortável.

Marta

> Caminhando Jesus e os seus discípulos, chegaram a um povoado, onde certa mulher chamada Marta o recebeu em sua casa. Maria, sua irmã, ficou sentada aos pés do Senhor, ouvindo a sua palavra. Marta, porém, estava ocupada com muito serviço. E, aproximando-se dele, perguntou: "Senhor, não te importas que minha irmã tenha me deixado sozinha com o serviço? Dize-lhe que me ajude!". Respondeu o Senhor: "Marta! Marta! Você está preocupada e inquieta com muitas coisas; todavia

> apenas uma é necessária. Maria escolheu a boa parte, e esta não lhe será tirada".
>
> Lucas 10.38-42

Será que a irmã dela era mesmo preguiçosa? Ou será que Marta era uma *workaholic* ansiosa que optou pela preocupação e pela ocupação em vez de escolher a intimidade?

Os discípulos

> "Não se perturbe o coração de vocês. Creiam em Deus; creiam também em mim. Na casa de meu Pai há muitos aposentos; se não fosse assim, eu lhes teria dito. Vou preparar-lhes lugar. E se eu for e lhes preparar lugar, voltarei e os levarei para mim, para que vocês estejam onde eu estiver."
>
> João 14.1-3

A sala ficou estrategicamente em silêncio por causa da confiança silenciosa dos discípulos? Não. Alguém ao lado de Pedro expressava preocupação quanto à partida de Jesus? Não. Alguém por acaso ficou um pouco irritado com a declaração de Jesus, "para onde vou, vocês não podem seguir-me agora" (Jo 13.36)? Não visivelmente. Mas Jesus via por baixo da linha-d'água, ciente de que eles estavam apavorados diante da perspectiva de sua partida.

> ***Sonhando***
> *O homem de Deus simplesmente não está interessado na imagem da superfície.*

Na litania dos momentos de *iceberg* de Jesus com as pessoas, esses exemplos constituem apenas uma fração. Ele fazia isso o tempo todo. Jesus simplesmente não estava interessado no espetáculo, na apresentação ou nas emoções justificadas ou não das pessoas. Ele não tinha apreciação pelos sintomas; ele ia atrás da raiz. Sua missão era entrar e redimir corações, não reagir aos disfarces, distrações ou negações. Seu *modus operandi* funcionava em razão do que ele conhecia sobre as pessoas: todas elas eram *icebergs* com dramas espirituais mais profundos se desenrolando por baixo da linha-d'água. A diferença é que ele chegava até lá. Ele fazia um exame do coração em vez de uma avaliação comportamental. Usando seu sonar cardíaco singular, ele fazia leituras espirituais, medindo constantemente o invisível. Você o vê fazendo leituras de corações e as pessoas insistindo em tentar distraí-lo com táticas mentais: lógica imbecil, bloqueios, raciocínio disfuncional, justificativas, defesa e tentativas desesperadas de desviar a atenção do verdadeiro problema do coração. Mas, a cada vez, ele colocava a chapa de raio X sobre o painel iluminado e expunha as obstruções. Como um radiologista espiritual, Jesus interpretava o que via. O que ele via?

- Ferimentos
- Medos
- Inseguranças
- Pecado
- Motivações erradas
- Desejos
- Feridas
- Abandono
- Vergonha
- Orgulho
- Perda
- Emoções negativas à *la carte*

Jesus ia intencionalmente ao lugar onde houvesse dor real, orgulho ou paranoia, pois ele sabia que ali era o lugar onde existia potencial para mudança espiritual verdadeira. O fato é que isso não é tão difícil de fazer. Jesus sabia como os seres humanos são feitos. Sabia exatamente onde sondar, pelo que procurar, onde cortar, onde remover o bloqueio espiritual e como introduzir o processo de cura entre a pessoa e Deus.

Ele sabia que o lugar a se estar ficava abaixo da linha-d'água, onde residia toda a ação espiritual. Ele perguntava "dói aqui?" e obtinha a reação pela qual procurava — uma resposta, positiva ou negativa. Talvez você não fosse uma Suíça espiritual, neutra em relação a tudo, enquanto Jesus estivesse por perto. Era assim que ele queria que fosse. Quando as pessoas respondiam, ele havia cumprido a obrigação para com seu Pai. Ele tocava as questões principais rapidamente e precipitava uma resposta: a opção consciente por agir.

Entrando

Jesus era muito bom em radiologia do coração. Isso também fez dele o melhor conector que já andou pelo planeta. Seus olhos estavam sempre atentos durante as interações individuais. Suas palavras e seus modos, suas ações e atitudes, além de suas crenças e comportamentos, indicavam que ele estava sempre discernindo, identificando e abordando as questões principais que impediam a existência de conexões com seu Pai.

Como ele ia até lá, chegava, permanecia e conquistava vitória para o reino, independentemente da resposta? Olhe para ele e veja. Era um pouco disso, um pouco daquilo, dependendo da necessidade individual.

As parábolas cativavam, intrigavam e tocavam almas, normalmente de maneira superior ao que uma proclamação ou um desafio direto poderiam fazer. Revelar questões de maneira progressiva permitia que ele deslizasse para baixo da linha-d'água e chegasse às questões que as pessoas enfrentavam. Às vezes ele apelava a coisas familiares para fazer analogias e preparar o terreno para que a semente fizesse brotar compreensão. Em outros momentos, a necessidade era tão óbvia (Marta, os discípulos) que ele simplesmente ia direto ao elefante que estava no meio da sala. Como ele fazia isso? Avaliando uma situação e permitindo que seu discernimento superior o guiasse.

Costumo pensar que deve ter sido bom ver através das máscaras, disfarces, motivações e táticas de defesa de todo mundo. Ele podia procurar diretamente o trapaceiro espiritual toda vez! Com justiça, o Filho de Deus trabalhava com alguma tecnologia de imagem avançada. Mas ele também vive dentro de nós, esperando nos dar aquela experiência de varredura do coração e aplicando soluções. Homem de Deus, você é tanto equipado pelo Espírito Santo como chamado por Deus para ser um especialista de coração como nenhum outro. O sonho de Deus para você é grande assim: ele quer que você se torne um doutor em coração como Jesus.

Vamos voltar à varredura do coração. Importante ferramenta na área de cardiologia, as máquinas de imagem por ressonância magnética são especialmente úteis não apenas para visualizar a condição do coração, mas na avaliação da prescrição para uma melhoria geral da saúde do coração. O que torna essa maravilha médica insubstituível é sua habilidade de:

- Perceber pequenas estruturas ou entupimentos.
- Observar válvulas e câmaras.
- Avaliar a estrutura geral e a forma do coração.
- Olhar diretamente as artérias coronárias que alimentam o coração.

Tudo tem a ver com detecção. Essas varreduras revelam a forma, o tamanho, a condição e a posição do coração, que é exatamente o que Jesus procurava em termos espirituais para:

- Ver onde os entupimentos espirituais ou emocionais estavam obstruindo a habilidade de alguém para crer.
- Observar válvulas e câmaras de suas experiências.
- Avaliar a estrutura geral do caráter que essas experiências produziram.
- Olhar diretamente as verdades ou mentiras que alimentam as crenças das pessoas em relação a ele, bem como o plano que ele tem para a vida delas.

Jesus captou as imagens. Mostrou o que viu. Identificou problemas básicos e ajudou pessoas a ver a imagem de seus problemas. Então ofereceu a si mesmo e seus caminhos como a solução. No final, o paciente opta por aceitar o diagnóstico ou rejeitá-lo, buscar a saúde espiritual ou deixar para mais tarde.

Introdução à cardiologia espiritual

Jesus gostava da fragilidade do coração humano. Com grande discernimento, discrição e, acima de tudo, amor, ele fez de seu objetivo a conexão. Em termos bíblicos, o coração representava as crenças, paixões, emoções, vontades, motivações, ambições e desejos de uma pessoa — toda a composição espiritual.

Jesus sabia que era isso que ele estava vendo — em formas dolorosas, cheias de orgulho ou de medo — por baixo da linha-d'água. A boa notícia é que ele quer lhe dar sua habilidade de ver essas questões e quer ajudá-lo a ser motivado a usar essa habilidade. É amor real. Um discernimento verdadeiro de pessoas não é possível se não houver um amor centrado em Cristo. Se não houver amor, então outras motivações tomarão seu lugar.

Isso é inegociável ao se seguir os passos de Jesus e tornar-se um bom cardiologista espiritual.

> Esta é a minha oração: Que o amor de vocês aumente cada vez mais em conhecimento e em toda a percepção, para discernirem o que é melhor, a fim de serem puros e irrepreensíveis até o dia de Cristo, cheios do fruto da justiça, fruto que vem por meio de Jesus Cristo, para glória e louvor de Deus.
>
> Filipenses 1.9-11

Amar os outros de maneira significativa exige discernimento, o que, por sua vez, exige um bom conhecimento e compreensão das pessoas. A *gestalt* de uma pessoa — seus pensamentos e experiências fundamentais — constituem quem aquela pessoa realmente é quando integrada como um todo. Isso é o oposto da personalidade exterior ou da imagem que alguém projeta. Jesus era ótimo em focalizar a *gestalt* das pessoas e, assim que encontrava uma brecha, infiltrava-se. Ele podia ir até lá porque amava as pessoas profundamente. É por isso que, para o homem de Deus, existe uma conexão clara entre amor profundo pelas pessoas motivado pela semelhança com Cristo e o discernimento que Deus lhe dá em relação aos outros.

> ***Sonhando***
> *Deus lhe dá discernimento quando a motivação do seu coração é pura.*

Do mesmo modo, Jesus menosprezava e punia aqueles com trajes espirituais que apenas fingiam se importar com pessoas. Eles não faziam ideia das verdadeiras necessidades presentes no coração das pessoas porque amavam mais a si mesmos do que às pessoas que estavam tentando ajudar. A questão é: por que Deus daria a qualquer homem um interesse pelas pessoas se esse homem tivesse motivações confusas em seu coração?

A habilidade espiritual também implica uma clara habilidade de ajudar outros a entender o que realmente importa na vida, com o propósito de integrar tais valores fundamentais em nossa vida. Nossa tarefa como homens de Deus ao nos conectarmos com os outros é sermos guiados pelo amor e termos a habilidade de enxergar a coisa importante, de discernir. "Como é isso?", você pergunta. Significa que você se importa o suficiente para conhecer as questões do coração das pessoas e que você é bom em fazer perguntas que estabelecem conexão com o coração. As grandes questões seriam:

- Assuntos familiares, do passado e do presente.
- Perdas familiares.
- Outros relacionamentos.
- Lutas e temores pessoais fundamentais.
- Grandes feridas.
- Personalidade e jeito de ser.

Viu só? Não é uma lista grande. Do século 1 ao novo milênio, as questões fundamentais das pessoas não mudaram. Essas questões são os principais indicadores para testar e sondar. Pessoas capazes de fazer alguém falar sobre esses domínios terão uma visão próxima e pessoal das câmaras do coração e — essa é uma boa aposta — também uma resposta. Esse é o ponto aonde Deus quer que você vá com as pessoas. O sonho dele para você não é que você seja um bom médico de coração, mas um excepcional, como seu Filho.

Quando se importa o suficiente para sondar as questões principais do coração de alguém, você compartilha do segredo de quem aquela pessoa realmente é — padrões, ética, motivações, paixões motivadoras e os deuses reais dela. Tal como Jesus, você é chamado a treinar seu reconhecimento das diferenças entre a aparência e a realidade, entre imagens públicas e lutas particulares, entre ira e ferida, orgulho e temor. O homem de Deus, tal como o Deus-homem, está sempre crescendo em suas habilidades relacionadas a buscar as boas e más intenções, as motivações certas e erradas, os padrões espirituais saudáveis e doentios e as questões vitais por trás das palavras, do comportamento e dos pensamentos das pessoas.

A grande notícia é que temos o melhor professor do universo. Ele nos mostra o caminho para chegar ao coração. Ele nos conduz à medida que estudamos os outros. Podemos ver sua mente nas Escrituras, dialogar com ele, pedir-lhe discernimento, ouvir sua voz e reagir a sua orientação. A habilidade é alcançada à medida que buscamos ajudar o perdido a encontrar seu caminho até Deus e, por fim, encontrar cura nele.

Concluindo, é difícil esconder-se de um homem de Deus com discernimento. Conforme Jesus derruba nossas defesas e as substitui por sua aceitação e autoridade, vemos a nós e aos outros mais claramente. Quando os temores de um homem foram derrotados pelo amor, não há fingimento. É nesse momento que as pessoas veem Jesus — em você. Elas não conseguem fingir quando Jesus, aquele que vê todos os corações, está presente. Você é um médico de coração, alguém que vê por baixo da superfície, um mergulhador.

E quando você estiver num relacionamento real como esse, as pessoas terão consciência de que *outra pessoa* sabe o que há por baixo.

Agora saia e mergulhe! Mergulhe! Mergulhe!

11

Toque de veludo

Existem apenas dois tipos de homens: os justos, que pensam que são pecadores, e os pecadores, que acham que são justos.
BLAISE PASCAL

O processador espiritual deles não podia rodar o "aplicativo Jesus". Seus programas simplesmente não conseguiam reconhecer um homem que transformara em hábito a conexão com os fisicamente impuros, os sexualmente imorais e os eticamente imundos.

Isso costumava colocar o disco rígido espiritual dos líderes religiosos num estado de sobrecarga do sistema à medida que eles tentavam desesperadamente entender aquele homem. A facilidade com que ele flutuava do templo para o interior e da sinagoga para os bairros de pecadores levantava sobrancelhas e gerava muita fofoca. Ele quebrou as regras que eles tinham em relação a cidadãos de primeira e segunda classe. Ele não estava fingindo ser "justo" em suas interações. Sua credibilidade como líder espiritual foi corroída por seu itinerário duvidoso. O Pai, em contrapartida, se alegrava, dizendo: "É assim que se faz, Filho. Exato!". O Filho de Deus estava promovendo o avanço do reino não apenas em becos sombrios da Palestina do século 1, mas também em todos os outros lugares onde se podia achar aqueles que tinham sede de serem aceitos.

Os perdidos eram encontrados. O "encontrado" ia buscar mais perdidos.

Jesus não se misturou com a expressão religiosa contemporânea simplesmente porque disponibilizou sua graça a todos. Para ser assim, ele não poderia ser codependente da cultura, da caricatura racial, da tradição ou das práticas pseudossantas de exclusão. Para espalhar a graça de Deus sobre a terra, o critério era este: necessidade real. Ao encontrá-la, ele entrava no barco e desembarcava na praia daquela pessoa. "Jesus *unplugged*" é uma história de graça em movimento — perigosamente atraente, convidativa e controversa. E o sonho de Deus para nós é que sejamos iguais.

> ***Sonhando***
> *O sonho de Deus para nós é perigosamente atraente, convidativo e controverso.*

Se você é como eu, então precisa se livrar de seus temores e deixar que Jesus assuma. Não sou um conector radical, daqueles que vivem saindo da rotina, especialmente com pessoas que não são como eu. Minha preferência é pelo limpo e arrumado. Mas isso não funciona. Devo estudar Jesus, vê-lo e procurar representar sua graça. Quando analiso os evangelhos com atenção, sou convencido, pois o que vejo é que nada impediu o Deus-homem de ajudar e aceitar pessoas excluídas. Ele ia até elas e elas iam até ele. Em todas as ocasiões, a graça e as pessoas colidiram maravilhosamente.

Quero que o excluído sinta Jesus quando colidir comigo.

Pura graça

Rejeitar ou aceitar. Evitar ou procurar. Desviar ou aproximar. Ignorar ou escolher.

Essa é a linguagem de exclusão ou inclusão. Pense no curso primário. Pense na escolha de times quando você era menino. As emoções existentes ali eram reais e puras. Não sei quem são os componentes de sua lista particular de quarentena — talvez um colega de trabalho homossexual, um vizinho obeso, um tio alcoólico, seu genro "esquisito" — mas pense em alguém de quem você se esquiva. Por que você tem medo? Por que essas pessoas lhe provocam uma febre emocional? De que maneira Deus quer que você se relacione com essas pessoas?

Jesus aceitou os fisicamente inaceitáveis

> Estando Jesus numa das cidades, passou um homem coberto de lepra. Quando viu Jesus, prostrou-se, rosto em terra, e rogou-lhe: "Se quiseres, podes purificar-me". Jesus estendeu a mão e tocou nele, dizendo: "Quero. Seja purificado!" E imediatamente a lepra o deixou.
>
> Lucas 5.12-13

Pense num prato esquecido dentro de seu refrigerador que está ali há algumas semanas. A comida estragou e está coberta de mofo. Pense em sua reação ao tirar a cobertura de papel alumínio. Você fez uma careta? Aquele homem — aquele leproso — era visivelmente chocante a partir de uma perspectiva física. Imagine um homem coberto de lepra. Já pensou? Sua reação natural a esse mofo humano provavelmente seria a mesma — sua face se contorceria e você se afastaria. Era isso que aquele homem experimentava dia após dia na Palestina do século 1. Ele tinha tanta vergonha de sua aparência que não podia olhar para a face de Jesus. Pergunte a si mesmo: "O que um homem com lepra mais deseja?".

Agora, veja o que o Deus-homem lhe deu primeiramente e você terá encontrado sua resposta. Perceba que a primeira coisa que ele fez não foi curá-lo fisicamente. Ele o tocou! Imagine que você é aquele homem e, de repente, vê Jesus. Ele vem em sua direção, com a mão estendida, prestes a fazer o impensável. "Ele está estendendo a mão? Não! Senhor, não!". E, então, ele toca mesmo assim. Imagine aquele toque. Apenas imagine: você não experimenta o toque humano há anos, talvez décadas e, então, as mãos de Jesus entram em contato com seu ombro. Para você, esse toque é a graça de Deus. Toque é aceitação; toque é afirmação de dignidade. Jesus cura seu coração e o salva simplesmente por meio de seu toque. A graça de Deus se derrama sobre você e nenhuma palavra foi dita.

"Não! Senhor, não!". E, então, ele toca mesmo assim.

Perceba aqui que a primeira comunicação de Jesus não produz a cura física no leproso. Ela prova a aceitação de sua pessoa. Ele é digno de ser curado. O que deve ter se passado pela cabeça do leproso ao sentir esse poderoso toque de aceitação? E, depois, ouvir a palavra "Quero". Posso ver olhares se cruzando num reconhecimento silencioso entre eles. A mensagem é simples: "Você não está sozinho, meu irmão". Dez megatons de graça foram detonados no coração daquele homem. Depois disso, a cura física foi apenas a nuvem em forma de cogumelo que fluiu da explosão interna.

Jesus aceitou os moralmente inaceitáveis

> Convidado por um dos fariseus para jantar, Jesus foi à casa dele e reclinou-se à mesa. Ao saber que Jesus estava comendo na casa do fariseu, certa mulher daquela cidade, uma "pecadora", trouxe um frasco de alabastro com perfume, e se colocou atrás de Jesus, a seus pés. Chorando, começou a molhar-lhe os pés com suas lágrimas. Depois os enxugou com seus cabelos, beijou-os e os ungiu com o perfume. Ao ver isso, o fariseu que o havia convidado disse a si mesmo: "Se este homem fosse profeta, saberia quem nele está tocando e que tipo de mulher ela é: uma 'pecadora'".
>
> Lucas 7.36-39

A maioria dos cristãos tem dificuldade em separar o pecado do pecador. Jesus não tinha. Ele não fazia distinção entre os pecados exteriores e os pecados menos visíveis do coração.

Adultério e o desejo do coração tinham a mesma aparência para Jesus, enquanto que os homens faziam distinção, ou pelo menos não tinham consciência do pecado oculto. Na mente de Jesus, todas as pessoas reclinadas àquela mesa eram exatamente iguais àquela mulher! O problema é que elas não se enxergavam da maneira como Jesus as via. Jesus as colocaria no mesmo barco com aquela mulher — pecadores que precisavam ser santificados — enquanto as pessoas faziam distinção e colocavam rótulos por conta do orgulho e o medo de se conectar. Essa divisão mental entre pessoas leva a pensamentos e ações que estão além da arrogância e se voltam para o mal. E tudo isso veio do homem supostamente espiritual à mesa!

Imagine a cena. É provável que aquela mulher já tivesse ouvido Jesus pregar e, tendo uma nova esperança e mudança de coração, ela se propôs a viver uma nova vida. Desse modo, ela vem à mesa, se apresenta (seu gênero era outro estigma em um grupo de homens religiosos do século 1) e presta adoração motivada por amor e gratidão. O cheiro de sua vergonha se transforma no perfume da aceitação, e essa aceitação enche o ar daquela sala. Tal aceitação, em vez de ter um odor agradável para aqueles homens religiosos, produz tensão e resistência. Jesus consegue perceber isso de imediato, e não gosta do que vê. Assim, corrige o homem publicamente: "Portanto, eu lhe digo, os muitos pecados dela lhe foram perdoados; pois ela amou muito. Mas aquele a quem pouco foi perdoado, pouco ama" (Lc 7.47). Em outras palavras: ela me entende; você não. Ela sabe que é pecadora; você não. O amor que ela tem é prova de seu perdão; sua ambivalência em relação a ela e a mim mostra que você ainda não entendeu.

Jesus aceitou os etnicamente inaceitáveis

> Era-lhe necessário passar por Samaria. [...] Nisso veio uma mulher samaritana tirar água. Disse-lhe Jesus: "Dê-me um pouco de água". (Os seus discípulos tinham ido à cidade comprar comida.) A mulher samaritana lhe perguntou: "Como o senhor, sendo judeu, pede a mim, uma samaritana, água para beber?" (Pois os judeus não se dão bem com os samaritanos.) Jesus lhe respondeu: "Se você conhecesse o dom de Deus e quem lhe está pedindo água, você lhe teria pedido e ele lhe teria dado água viva".
>
> João 4.4,7-10

Os samaritanos eram vistos como um defeito étnico nos dias de Jesus — uma doença que lembrava os judeus de uma época de sua história que eles preferiam esquecer. Os samaritanos eram fruto de linhagens inter-raciais formadas durante o exílio forçado na Babilônia — um amálgama racial desprezado pelos etnicamente puros. Os judeus, especialmente os espirituais, que queriam chegar à Galileia saindo da Judeia preferiam cruzar pelo lado leste do Jordão e caminhar em torno de Samaria, de modo a evitar a contaminação pelo sangue ruim. Esse costume reforçava o racismo e preservava os padrões de pureza cerimonial. Assim, quando vemos Jesus planejando passar intencionalmente por Samaria, vemos o Deus-homem com fósforos na mão, tentando acender um pavio que vai levar à explosão das fronteiras culturais de seus dias.

"Isso não está certo. Será que você não sabe?"

Veja agora a reação da mulher diante do pedido dele. Ela está claramente desconfortável.

— Isso não está certo. Será que você não sabe?

Então, no caso de ele ser completamente ignorante, ela o informa sobre as regras que governam essa infração.

— Você não está vendo essa tremenda mina terrestre étnica na qual está prestes a pisar?

Mas Jesus vai direto ao cerne da questão:

— Não sou o judeu comum que você tem em mente, e esse não é o tipo de preocupação que você deveria ter.

O "dom de Deus" do qual ele fala nada mais é senão a graça e a aceitação de Deus através de Cristo. É uma ponte difícil para ela cruzar. Ela está tentando criar separação, e Jesus está levando a conversa na direção da conexão. Ela está tentando se sentir adequadamente ofendida de acordo com suas raízes culturais, mas Jesus está tentando oferecer-lhe vida de acordo com as raízes de seu reino. Ela está pensando: "Bem, isso é novidade".

Então, os discípulos chegam, encontram os dois envolvidos na conversa e são pegos com a guarda baixa diante da infração cultural e de gênero que o Mestre está "samaritanamente" desprezando. Consegue perceber isso? Um bando de judeus tradicionais, criados para evitar os samaritanos, perguntando uns aos outros: "É Jesus ali adiante? Mas o que ele está fazendo?". Talvez o segundo pensamento tenha sido mais particular: "O que isso vai significar para nós?".

Essas são perguntas naturais a serem feitas por um discípulo.

Leproso dos dias de hoje

O pai de John Forbes bebia. Se você é filho de um alcoólico, como eu, então provavelmente consegue imaginar que o pai de John era mais íntimo do dono do bar do que dele. John buscou seu pai em termos emocionais durante anos, mas foi como caçar o vento — sempre enganoso e, por fim, desapontador. Ele era uma ficção, um fantasma.

Com o passar dos anos, o pequeno John transformou-se num grande John, um homem. Agora ele tem problemas de homem, responsabilidades de homem e um buraco monstruoso em seu coração. Essa ferida era um buraco negro que sugava qualquer partícula de atenção e afirmação para seu vazio gravitacional, esmagando qualquer um que chegasse perto demais. Não podia ser preenchido. O pequeno coração de menino dentro daquele grande corpo fazia uma pergunta desesperada: você pode provar que sou digno de amor?

Ele procurou em vão alguém que pudesse responder a essa pergunta. Esse desejo não realizado terminaria sendo preenchido por outros homens: aqueles que o aceitariam e o receberiam, aqueles que o tocariam fisicamente, aqueles que lhe dariam seu tempo e conversariam com ele, aqueles que mal podiam esperar vê-lo entrando pela porta. Eles não eram o pai dele, mas estavam lá para fingir ser — temporariamente. Outros homens tentam outras coisas — os vícios não importam; é tudo aquilo que oferece alívio, ainda que temporário.

John se tornou seguidor de Jesus Cristo depois de ter ido fundo em seu mergulho emocional e sexual. O menino perdido fora encontrado. Nova esperança invadiu sua alma. A mais elevada dessas esperanças incluía ser capaz de lidar diretamente com uma identidade sexual partida, envolver-se numa nova jornada espiritual e direcionar suas energias para Cristo. Ele progrediu muito, mas seu progresso era sempre temperado pela voz interior, que dominava sua mente com os velhos hábitos, oferecendo o velho suculento banquete de indulgências.

Durante as temporadas de penúria emocional, era difícil resistir àquelas tentações. John lutaria contra os desejos, a vida se tornaria insuportável e as vozes internas e externas pressionariam ainda mais. Devagar e com firmeza, o velho John começou a prevalecer, erodindo rapidamente os oito anos como seguidor de Cristo. Suas novas convicções fraquejaram. Seu primeiro amor se perdera. John desistiu e cedeu às vozes. Mas em vez de encontrar os velhos e simples prazeres, ele encontrou dúvidas espirituais esmagadoras e a autodepreciação. Em suas próprias palavras: "Eu achava que Jesus poderia me livrar de uma vida homossexual! O que significa isso?". Satanás sussurrava: "Você nunca foi liberto, porque não pode sê-lo. Você é assim".

Os três anos seguintes foram um Vietnã espiritual para John Forbes. Amigos cristãos mostravam empatia, mas tinham medo. Muitos não ajudaram ou tinham vergonha da dificuldade dele, criando ainda mais desilusão espiritual e dúvida. Até mesmo pastores não conseguiam se aproximar de forma significativa, cedendo, em vez disso, ao medo, aplicando pequenos remendos e, por fim, desistindo. Afastado do corpo de Cristo, as inseguranças de John ficaram mais poderosas. Mentiras racionalizadas, que em outros tempos foram rejeitadas, eram agora mais atraentes e transformadas em justificativas, até mesmo em direito de mergulhar de volta no pecado. Era apenas uma questão de tempo até que as oportunidades aparecessem.

O raciocínio contaminado levou a uma aceitação completa do velho John. Ele se viu em pé diante de um quarto de se vestir no qual achava que nunca mais voltaria a entrar. John Forbes iria se vestir novamente "do velho homem com suas práticas", como diz a Bíblia. Seu êxodo havia acabado; ele iria voltar ao Egito. As velhas identidades foram recolocadas, as velhas lealdades favorecidas, relacionamentos reatados, comportamentos revisitados. Muito embora essas velhas roupas não servissem da mesma maneira, elas eram familiares.

> Satanás sussurrava: "Você nunca foi liberto, porque não pode sê-lo. Você é assim".

John deu início a uma temporada de forte excitação temporária, adornada com álcool, cocaína e contatos homossexuais, mas dessa vez não houve liberdade. Lá no fundo, John sabia que os velhos modos representavam uma existência padrão, desenvolvida pelo desespero espiritual. Contudo, ele negou a realidade centenas de vezes, em centenas de momentos, no meio de milhares de experiências no transcorrer dos oito anos seguintes.

Até que, finalmente, a temporada de prazeres encontrou a derradeira reação.

Sujeira

Além de se sentir muito longe das fronteiras da graça de Deus depois de oito anos de volta a seu Egito, John começou a se sentir doente. Os sintomas semelhantes a uma gripe que não curava e o sangue em sua urina o levaram a uma sala de exame. A sala fria era um contraste da nova vida que o velho John havia tentado reconstruir. Para um homem tão internamente fragmentado e vazio — levando a vida como produtor em Nova York e na Europa, juntamente com outros trabalhos de prestígio no teatro, repleto de influência, afluência e baldes de afirmação — John parecia estar bastante bem. Contudo, naquele momento, a imagem pública se colocava em total contraste com a realidade sem vida que se colocava diante dele: esperar para passar pela porta.

Então a porta se abriu.

— Sr. Forbes, sinto informá-lo que seu exame deu positivo para HIV.

"O quê?"

Tal como um soldado que sofre de neurose de guerra e que tenta recobrar os sentidos depois de ser atingido pela força da explosão de uma bomba, John não podia ouvir, pensar ou sentir. Os lábios do médico continuaram a se mover, mas a violenta vertigem impedia a assimilação. Minutos de entorpecimento se seguiram até que, finalmente, um pensamento o tirou do transe. "Trabalhar! Preciso trabalhar!".

Terminada a rápida visita, ele saiu do prédio para as ruas de Manhattan, 150 dólares mais pobre. Um preço repugnante para aquela dose repugnante de realidade. "Obrigado pelo quê?" Fechou seu talão de cheques e vagou pelas ruas, sentindo vagarosamente as lágrimas se transformarem em choro. Pensamentos esmagadores surgiam sem controle em sua mente, um após o outro. Ele estava quase certo de que o Senhor o estava punindo por seu comportamento pecaminoso. "Como as coisas chegaram a isso? Minha vida se tornou uma sátira espiritual."

Nos dias que se seguiram a seu diagnóstico, foram feitas tentativas de se reconectar com Deus, com a igreja e com cristãos. Suas próprias inseguranças sobre compartilhar as novidades, combinadas com reações estranhas, serviram apenas para exacerbar ainda mais a dor. Os seguidores de Cristo adicionaram ainda mais enfermidades:

- Julgamento
- Hostilidade
- Comportamento fóbico
- Pseudoabraços tensos

E tudo com a mensagem não falada, mas penetrante: "Você é um lixo".

Seus piores temores estavam se materializando. A clara rejeição só aumentou seu senso esmagador de arrependimento, desespero e insignificância.

"Por que agora?" John fez as contas:

- Ser lixo significava ser intocável.
- Intocável significava impossível de ser amado.
- Impossível de ser amado significava inútil.
- Inútil significava que a vida não tinha importância.

- Se a vida não tinha importância, ele poderia muito bem jogá-la fora.

Farras com cocaína deram lugar ao vício em crack e consumo de álcool por dias e dias. Se ele era um lixo, imaginava que podia agir como tal.

O povo de Deus o havia rejeitado. Contudo, Jesus não o rejeitara. E, por meio de um encontro incomum, as dúvidas, temores, vergonha e feiura de John foram vencidas, derrotadas por uma aceitação divina que ele jamais conhecera — e da qual ele não conseguiria se livrar:

> Num momento de revelação, vi o Senhor em seu trono e eu me aproximando dele. Comecei a chorar. Tive consciência do amor de Deus por mim naquele momento. Não com conhecimento mental, mas um incrível senso de sua presença. Aquilo tomou conta de mim. Não conseguia parar de chorar. Deus é realmente gracioso e compassivo, tardio em irar-se e abundante em amor — ele não nos trata como nossos pecados merecem. Depois de tudo o que eu havia feito, ainda fui alcançado por sua misericórdia.
>
> Desde o desenvolvimento da aids em 2001 e daquele encontro com o Senhor, as coisas mudaram radicalmente à minha volta. O Senhor me estabeleceu firmemente em sua verdade e em seu amor. Estou crescendo na graça e no conhecimento daquele amor. Ele está transformando minhas partes mais profundas. Eu o conheço. Ele está restaurando minha saúde física. Ele pegou um alcoólico e viciado em drogas com aids e abriu oportunidades para que eu compartilhasse seu amor por todo o mundo.[1]

É assim que Jesus se envolve com "sujeira".

Jesus envolveu sujeira com graça aveludada — o toque macio e confortante de sua aceitação. Ele cobriu a vergonha, ignorou a feiura e derrotou totalmente o estigma com sua presença. Eliminou a possibilidade de rejeição e a substituiu por participação. Suprimiu a necessidade de manter segredos e de se esconder. As falhas dos homens foram substituídas por amor infalível — rejeição plena substituída por aceitação plena. É isso o que Jesus faz com um homem soropositivo na América.[2]

É isso que esperaríamos ouvir. Tal história poderia ser sobreposta tranquilamente sobre Mateus, Marcos, Lucas ou João. Ela prega bem. Mas, na prática, deveria condenar nossa alma, da mesma maneira que a parábola do bom samaritano perturbou os caras religiosos dos dias de Jesus. Ele colocou deliberadamente um sacerdote e um levita na história para "destacá-los" como homens de Deus falidos. Do mesmo modo, a história de John Forbes confronta todos que se fazem de espirituais. John estava no teatro, mas os que realmente estavam encenando eram aqueles que se vestiam de roupas cristãs e se exibiam. Jesus fazia sucesso entre os sujos e os maltrapilhos de sua cultura.

Não tenho certeza de que estejamos fazendo o mesmo. E nenhum de nós tem desculpas.

Por que será que tanto se fala sobre graça ao mesmo tempo que tão poucos de nós a distribuem? Uma simples presença, um abraço e aceitação colocam os pródigos de volta na direção correta. Contudo, em vez de termos uma queda por pecadores, morremos de medo deles. De maneira geral, a mensagem que enviamos é que os santos não precisam dos pecadores. Que bom que Jesus não sentia a mesma coisa.

> Veio o Filho do homem comendo e bebendo, e dizem: "Aí está um comilão e beberrão, amigo de publicanos e 'pecadores'."
>
> Mateus 11.19

As únicas vezes em que vemos Jesus construindo um muro diante das pessoas aconteceram quando o orgulho delas as havia cegado para a realidade de sua própria necessidade. Nesses raros momentos, ele trocou o toque aveludado da graça pelo martelo de aço da verdade (vamos explorar esse aspecto no próximo capítulo). Mas se os críticos acusaram Jesus de sentir-se confortável entre pecadores, o que nos faz presumir que os críticos não se sentirão ofendidos por nós? Os seguidores de Cristo devem ser realmente bons em ofender esses tipos.

> ***Sonhando***
> *Se os críticos acusaram Jesus de sentir-se confortável entre pecadores, eles também se sentirão ofendidos por nós.*

Expressar a graça de Deus. Permitir que o Espírito Santo nos use para ajudar outros a sentir a aceitação de Deus. Ter fé e coragem de apoiar pessoas à parte de seu pecado. Essas são as reações aveludadas mais necessitadas por aqueles que creem estar além do alcance do amor do Pai.

> "Aquele que é a Palavra tornou-se carne e viveu entre nós. Vimos a sua glória, glória como do Unigênito vindo do Pai, cheio de graça e de verdade".
>
> João 1.14

Jesus — a Palavra feita carne — foi o embaixador da graça de Deus. Não podemos compartimentalizar esse aspecto mais radical e transformador do caráter de Jesus. Não podemos separá-lo de nossa jornada como homens de Deus.

Jesus foi generoso em sua aceitação. Seu desejo inequívoco é que seus seguidores também sejam bons nisso.

Nós ou os outros?

Você é modesto ou convencido?

Zaqueu era física e eticamente inaceitável. Contudo, Jesus queria que ele experimentasse a aceitação de Deus. A mulher enferma era espiritualmente inaceitável como gentia, mas isso não impediu que Jesus a aceitasse e a curasse. As crianças eram uma chateação para rabis ocupados, mas Jesus disse: "Deixem vir a mim as crianças" (Mt 19.14). Até mesmo quando estava na cruz, Jesus pediu ao Pai que perdoasse e aceitasse aqueles que o crucificavam. Toda essa aceitação das pessoas ia contra a intuição. Era radical. Para jogar de acordo com as regras de Deus, o Filho de Deus teve de quebrar as regras do homem.

Quem é mais merecedor da graça de Deus? Ninguém.

Os fundamentos de aceitação de algumas pessoas se baseiam em comportamento, aparência ou tendência cultural. Os homens religiosos do tempo de Jesus tinham preconceitos étnicos e os mascaravam com exigências espirituais. O filtro deles estava quebrado. Era assim que eles viam os outros, o que refletia a maneira como eles viam a si mesmos. Também havia a maneira como Jesus os via e como isso refletia a identidade dele. A visão que tinham de si mesmos era orientada pela cultura, o que contaminava sua capacidade de estender a graça de Deus. Isso só contribuiu para gerar mais feridas.

Acontece até mesmo conosco — quando vemos outras pessoas debaixo de vergonha opressiva, a pecaminosidade em nós se alegra por sermos melhores do que elas. A insensatez é que deixamos de ver a nós mesmos nelas.

A quem você tem dificuldade de amar como Jesus amou? Você não necessariamente precisa amar o comportamento ou a imagem, mas o que o impede de ver a pessoa como alguém por quem Cristo morreu e quer ajudar? Será que Deus a colocou em sua vida para que você a toque? Será que Jesus quer usar pessoas assim para fazer com que você tenha um contato mais próximo com ele?

Será que Jesus quer lhe mostrar tudo o que fez para aceitá-lo, para fazer com que você seja grato?

Pense nisso. O resumo é este: Jesus Cristo abraçou os inaceitáveis e condenou as pessoas espirituais que se esquivaram deles.

O que isso diz a respeito do povo de Deus que rejeitou John Forbes? Essa realidade sobre quem Jesus é me leva a uma pausa — uma pausa longa, sóbria, reflexiva e condenatória. Ele se associava com os socialmente excluídos tão facilmente quanto se conectava com os religiosos. Por todo lugar onde os pecadores encontravam uma oportunidade para se envolver com ele honestamente, eles encontrariam o céu pronto para recebê-los de braços abertos. Isso mesmo. O fato impressionante sobre Jesus era este: *seus padrões eram bastante baixos.* É por isso que o homem de Deus, seja qual for sua situação na vida, deve ser o mais livre dos homens para se envolver com outros sem limites ou paredes.

Jesus Cristo abraçou os inaceitáveis.

Toda nossa habilidade e perspicácia em sermos agentes da graça na vida dos outros depende da maneira como respondemos a uma pergunta: Você é modesto ou convencido? Apenas uma identidade preserva a dignidade dos outros. Somente uma derruba o muro da separação. Só uma vence a cultura e se conecta. Somente uma delas gera afeição pelo inaceitável. Só uma ama a "sujeira". Só uma supera as aparências. Somente uma identidade se conecta com o vergonhoso, abre espaço para a dor pessoal e convence aquele que não merece de que não está além do alcance da aceitação. Somente uma possui um toque de veludo.

Apenas uma identidade enxerga a graça e distribui graça tão livremente quanto recebeu. Somente uma pode concretizar o sonho.

12

Obstinado pela realidade

Quando briga com a realidade, você perde
— mas apenas 100 % das vezes.
BYRON KATIE

Realidade (s. f.): não é a maneira como gostaríamos que as coisas fossem, nem a maneira que elas aparentam ser, mas a maneira como as coisas de fato são.

Jesus gostava muito da realidade.

Parece um clichê, mas quando você estuda Jesus, as palavras que ele disse e suas interações com os homens, você vê que ele queria que as pessoas possuíssem a verdade, não importando o custo.

Nesse sentido, sou diferente dele. Minto naturalmente. Encubro naturalmente. Não quero que as pessoas fiquem bravas comigo. Quero ser aceito. Quero que as pessoas se sintam bem. Não quero ferir os outros. Meu caráter pode se desintegrar diante dessas duras realidades — ele fica exposto. Minha coragem de enfrentar, falar, colocar em prática e integrar toda a verdade em relação às minhas falhas é difícil sem que a espinha dorsal de Jesus esteja em mim, mantendo-me em pé.

Graças a Deus pela espinha dorsal dele.

Ser um homem de Deus significa ser um homem cujo caráter está centrado na realidade verdadeira. "Em oposição a quê?", você pergunta. Em oposição a ser um homem centrado nas aparências.

Percepções. Racionalizações. Fraudes. Fantasias. Autoilusões e todos os outros matizes de não realidade. A semelhança a Cristo é medida pela aceitação consistente da realidade — especialmente quando dói. Como posso saber disso? Porque essa é a essência do Deus-homem. O toque de veludo de sua graça está perfeitamente alinhado com seu compromisso indestrutível com a verdade. São as duas partes de seu caráter que trazem cura e saúde a tudo o que ele toca. É onde a ternura de sua aceitação incondicional se cruza com o aço da responsabilidade — a afirmação se encontra com a autoridade. É o que me coloca num relacionamento com Deus e o que me transforma em alguém diferente. É a dinâmica ungida da graça de Deus me amando, ao mesmo tempo em que sua verdade me transforma. A graça é como um abraço confortável. A verdade é como um tapinha rápido no traseiro.

Os dois, porém, demonstram amor.

Quando dou passos ousados na direção de realidades dolorosas, sei que é Jesus em mim, e não eu mesmo. Como posso saber? Primeiro, porque esse não é meu padrão natural. Prefiro o conforto. Prefiro a fantasia segura. Segundo, porque Jesus não torcia os fatos quando havia um risco de perda ou uma consequência potencialmente negativa. Na verdade, ele se firmou ainda mais quando havia um risco de as pessoas acreditarem em fantasias. Isso fez Jesus sentir-se um trapo? Às vezes. Ninguém gosta que chova durante seu desfile. Mas quando nosso desfile sai do controle, a verdade das nossas circunstâncias pode ser uma chuva refrescante.

Vejo essa camuflagem da realidade acontecendo o tempo todo no ministério de homens, especialmente quando maridos ficaram profundamente temerosos da realidade e levaram a esposa a acreditar em algum tipo de falsidade. Vejo isso em pastores que não estão dispostos a compartilhar seus cantos escuros de luta com a tentação por conta do efeito pedestal — aquela situação em que a pressão da popularidade os coloca numa prisão de pomposidade e autopreservação. Vejo isso quando homens não conseguem aceitar os fatos brutais que cercam a luxúria e a fantasia e seu impacto duradouro sobre os relacionamentos. Vejo isso nos relacionamentos masculinos superficiais — rapazes sangrando bem defronte dos olhos de seus colegas.

E ainda nos surpreendemos quando um desses homens acaba com a própria vida deixando um bilhete que explica a solidão que levou a seu desespero. Já compareci a funerais assim. E por que isso acontece? Achamos que corremos o risco de perder a imagem, o prestígio ou o controle. Ou indo mais fundo, torcemos a realidade para evitar uma consequência que descarregará um caminhão de emoções negativas em nossa vida. Os dois padrões terminam criando, lá na frente, problemas significativamente maiores do que um mero desconforto.

> ***Sonhando***
> *Quanto você aceita da realidade é a medida de sua semelhança com Cristo.*

Todo esse mistério emocional, o medo e o orgulho, a negação e o desprezo, mexem com o estômago de Jesus e partem seu coração. Temos todos esses temores da realidade nas áreas em que nosso orgulho é ferido. Esse orgulho nos faz temer a dor potencial e nos faz desperdiçar energia numa paranoia, querendo que nossa vida faça sentido e que se encaixe numa determinada percepção. Quando a vida, os relacionamentos ou as circunstâncias não se encaixam na autoimagem que estamos querendo criar, nós nos envolvemos com a realidade apenas o suficiente para preservar a máscara em seu lugar. Para esse homem, sua realidade normalmente é mais dúbia e escura do que aquilo que ele diz. Ele vive uma fantasia. Mas o fato de ter parado de acreditar na realidade não significa que ela desaparece. Na verdade, a realidade ficou mais forte e mais insidiosa dentro dele. Por quê? Porque Cristo está perdendo e o impostor está ganhando.

Qual é a solução? Aceitar a realidade. Trabalhar com Jesus. Parar de correr.

> "Esta é a situação: a luz de Deus invadiu o mundo, mas a humanidade inteira correu para as trevas. Fugiram porque não estavam interessados em agradar a Deus. Aquele que pratica o mal, é viciado em negar a realidade e iludir-se e odeia a luz de Deus não vai querer se aproximar dela, para não ser submetido a uma exposição dolorosa. Mas quem crê e vive na verdade e na realidade recebe de coração a luz de Deus, de modo que sua obra pode ser vista, pois é a obra de Deus."
>
> João 3.19-21, MSG

Essa será a aparência e o jeito do novo nascimento como homem. A luz de Cristo brilha nos locais secretos e expõe realidades em nossa vida, os vazios que Jesus gostaria de nos ajudar a preencher. Uma exposição plena a sua luz em nossa vida é brilhante, não permitindo que algum espaço fique sem iluminação e deixando-nos expostos nos âmbitos moral, emocional, relacional e espiritual. E ainda que ser exposto possa ser desconfortável, Jesus insiste que essa é uma exposição benéfica. De fato, correr só precede o que por fim será ainda pior quando for pego e exposto. Podemos optar por voltar correndo ao pseudoanonimato das trevas para aliviar o desconforto atual da exposição à realidade. Mas estaremos numa situação muito melhor ao dar boas-vindas à convicção de um problema perfeitamente pretendida pelo Espírito Santo.

Devemos nos render à busca amorosa pela verdade do Mestre Artesão para nós, de modo que ele possa terminar sua obra de moldagem.

Mas por que tanta realidade? Por que o desconforto? Por que tanto empurra-empurra para negociar com a verdade se ela está presente de qualquer forma? É aquela mesma verdade que sempre esteve ali, certo? Ela não vai a lugar algum. Por que não simplesmente aceitar um pouco de fantasia em nossa realidade?

Jesus confronta todos os homens com os fatos, porque qualquer coisa além da verdade o transforma numa fraude e faz de você não um irmão, mas um objeto de julgamento. Prender-se a sua fantasia faz de você um merecedor da justiça de Deus.

A realidade morde!

Não sou aquele pai tranquilo que sempre assiste aos jogos do filho. Admito livremente que posso ser um daqueles pais extremos que de vez em quando causam espanto quando o filho está jogando. Pode ser algo tão embaraçoso em alguns jogos que fico pensando se não estou precisando de aconselhamento. Mas antes que você comece a formar uma imagem mental minha, levantando-me a cada apito, importunando o juiz e cuspindo opiniões sobre a estratégia do jogo, por favor, me escute. Não sou exatamente assim. De fato, já fui técnico em tantas partidas, joguei tanto futebol e já ouvi tantas reclamações de faltas marcadas que não tenho energia emocional para me opor a cada pequeno detalhe. É bem possível que você diga que estou tentando pintar um retrato meu sob uma luz melhor. Não quero que você me coloque no mesmo grupo *daquele* tipo de pai, os realmente loucos. Mas, de vez em quando, posso sair um pouco da linha em minhas travessuras. Certamente há momentos em que pertenço à associação dos pais malucos. Ainda assim, acompanhe minha pequena história.

Era uma fria manhã de sábado. Cara estava atipicamente preparada: limpa, uniformizada e pronta para ir ao campo às 6h15 da manhã. Eu também estava de pé, vestido e ficando agitado. Talvez um pouco agitado demais...

Em poucos minutos a equipe da minha filha se encontraria com a única equipe invicta de sua divisão, em um jogo que determinaria quem iria vencer o campeonato de doze equipes. O vencedor subiria para a primeira divisão, a elite, no ano seguinte. Elas já haviam escalado cinco divisões inferiores nos últimos anos e estavam prestes a realizar um sonho que poucos de fato alcançam: jogar no nível mais elevado. E este não era apenas mais um time que estava jogando; era a equipe antiga de Cara, aquela que ela havia deixado sob circunstâncias menos que felizes alguns anos antes. Os pais estavam esperando o ano inteiro por esse jogo e marcaram a data da partida no calendário vários meses antes, esperando exatamente por aquele cenário de sonho.

Chegamos ao campo e Cara foi se juntar ao time. Estacionei o carro e entrei na arena da "flatulência paternal". Havia enorme quantidade de gás emocional vazando do nosso lado, um monte de fofocas internas sobre o outro técnico e como ele tentava atrair as nossas jogadoras, além de boatos sobre certas jogadoras etc., etc. A atmosfera estava positivamente carregada e, quando o apito tocou, a imaturidade dos dois lados da arquibancada simplesmente explodiu, incluindo a do "pastor Kenny". Cada apito do juiz era ardorosamente criticado, cada falta feia era ou lamentada ou extremamente comemorada, cada passe errado vaiado sem misericórdia. E, no final, o time de Cara terminou vencendo por 2 a 1.

Os pais estavam esperando o ano inteiro por esse jogo.

Fim da história, certo?

Errado. Eu ainda não havia obtido minha grande porção de realidade. Na quarta-feira seguinte, no trabalho, meu telefone tocou e Babbett, minha assistente, disse: "Tem um tal de 'Carver' na linha para você". Meu primeiro pensamento foi: "Estou frito. Pegue o pano de saco e as cinzas. Prepare-se para desinflar o ego". Atendi relutante e meu bom amigo Carver começou assim: "Kenny, você me colocou numa situação embaraçosa". Sabia aonde ele iria chegar. Nos vinte minutos seguintes, aguentei. Foi doloroso. Fui um idiota no dia do jogo, e deixei que minha competitividade esportiva corresse solta e passasse por cima das minhas melhores intenções. Não havia me comportado bem.

Ainda que não esperasse que meu amigo fosse tão gracioso comigo em relação às minhas atitudes naquele sábado, eu sabia que estava recebendo uma reprovação valiosa de um irmão preocupado. Carver me conhecia desde os dias da UCLA [Universidade da Califórnia, Los Angeles] e frequenta meu estudo bíblico semanal para homens em Saddleback. Ele não tinha receio de entregar uma pequena dose de realidade na porta da frente da minha casa, ainda que sua enteada estivesse no outro time. Ali estava um cara que sabia que meu maior ponto forte e, ao mesmo tempo, o meu maior ponto fraco é a minha natureza competitiva. Sob o controle do Espírito Santo, ela pode ser uma coisa ótima, competindo nas arenas espirituais da vida, batalhando contra o pecado e lutando pelas coisas boas. Contudo, quando está fora de controle, a competitividade leva à opressão. Esse é o lado ruim — você faz as pessoas se sentirem como perdedoras em vez de ser um vencedor gracioso e um bom esportista.

Sonhando
O homem de Deus canaliza sua personalidade agressiva.

É desnecessário dizer que isso pode ser horrível para os relacionamentos. Aquele jogo pôs em ação o meu lado escuro e não tive consciência disso. Graças a Deus que Carver teve. Ele orou, pegou o telefone e fez uma ligação extremamente irritante. Se não tivesse feito, eu nunca teria ficado frente a frente com a realidade de meus atos e de meu pecado e não teria experimentado o poder renovador do arrependimento. Perguntei a Carver se ele achava que eu deveria telefonar para alguém ou marcar uma conversa. Pedi desculpas e confessei como estou trabalhando essa área fora do campo de futebol também. E, mais uma vez, ele foi gracioso.

Isso é que é vergonha santa. A realidade morde — e deixa uma marca! Carver arrancou um bom naco de mim com aquela mordida, mas ele não queria que eu sofresse sozinho. Foi um prato que tinha o propósito de satisfazer — uma porção vinda de um amigo fiel. Precisava parar de me enganar em relação às minhas ações e enfrentar o fato de que posso ser opressivo com minhas palavras. Chrissy também gostou da mordida, já que eu havia ignorado as tentativas dela de me servir a mesma refeição. Agora, como Churchill disse: "A verdade é incontestável, a malícia pode atacá-la e a ignorância pode ridicularizá-la, mas, no final, lá está ela". E, de fato, lá estava ela, e eu não poderia negá-la ou desviá-la. Não poderia dar desculpas antes de engoli-la. Realidade pura e total viera até mim, e tornei-me melhor por causa disso. Eu poderia tê-la cuspido de volta na cara dele, mas graças a Deus não fui tolo a esse ponto.

Tire as luvas

Sendo a incorporação de toda a verdade, Jesus conhecia com intuição precisa as consequências da farsa. É por isso que o sonho de Deus para que sejamos como Cristo inclui o traço da autenticidade, que é permitir que a realidade e a verdade guiem nossas ações. Quando se tratava de questões de realidade, ele não ficava acanhado nem contido nos momentos em que a situação exigia ação. Jesus inalava as realidades presentes à medida que se envolvia com pessoas e circunstâncias, e exalava verdade para abordá-las. Dê uma olhada nas maneiras que ele sugeriu para permitirmos que a realidade se conecte ao nosso caráter.

Realidade e tentação

> "Se a sua mão o fizer tropeçar, corte-a. É melhor entrar na vida mutilado do que, tendo as duas mãos, ir para o inferno".
>
> Marcos 9.43

A dura realidade: extirpe o pecado como se fosse um câncer. Seja impiedoso com ele e não se lamente. Se você não agir assim, haverá uma metástase, ele voltará, inflamará e, por fim, vai matá-lo. Isso é uma certeza.

Realidade e os mandamentos de Deus

> "Por que vocês me chamam 'Senhor, Senhor' e não fazem o que eu digo?".
>
> Lucas 6.46

A dura realidade: ações espirituais falam muito mais alto do que palavras. Elas são a derradeira marca da integridade espiritual. Se você ama alguém, você busca o alinhamento da sua vida com as prioridades daquela pessoa. Pense nisso. Isso é um relacionamento verdadeiro. Qualquer outra coisa é fantasia.

Realidade e fraude espiritual

> "Vocês ouviram o que foi dito: 'Não adulterarás'. Mas eu lhes digo: Qualquer que olhar para uma mulher para desejá-la, já cometeu adultério com ela no seu coração".
>
> Mateus 5.27-28

A dura realidade: pensamentos, intenções e motivações revelam quem realmente somos, e os comportamentos só confirmam isso. A ponta do *iceberg* é aquilo que as pessoas veem. A massa por baixo da linha-d'água é o que Deus vê. Portanto, você deve deixar de fingir ser justo e começar a ser justo.

Realidade e expectativas

> "Eu lhes disse essas coisas para que em mim vocês tenham paz. Neste mundo vocês terão aflições; contudo, tenham ânimo! Eu venci o mundo".
>
> João 16.33

A dura realidade: a terra não é o céu; devemos esperar a ocorrência de perdas e de tristezas. Contudo, devemos antever a redenção de nossa dor por parte de Deus e o cumprimento do propósito dele nessa dor.

Ainda que a plena redenção do sofrimento talvez não aconteça nesta vida, o pior da terra não consegue estragar o melhor de Deus.

Realidade e prática espiritual

> "Hipócritas! Bem profetizou Isaías acerca de vocês, dizendo: 'Este povo me honra com os lábios, mas o seu coração está longe de mim'".
>
> Mateus 15.7-8

A dura realidade: os movimentos podem estar certos, mas se as motivações estiverem fora de alinhamento, o disfarce também pode cair. Brincar de igreja é brincar com fogo.

Realidade e perdas

> "Ao ver chorando Maria e os judeus que a acompanhavam, Jesus agitou-se no espírito e perturbou-se. 'Onde o colocaram?', perguntou ele. 'Vem e vê, Senhor', responderam eles. Jesus chorou".
>
> João 11.33-35

A dura realidade: somos feitos para sentir dor, não para varrê-la para debaixo do tapete como se fosse a desgraça de outra pessoa. Jesus não negou nem tentou consertar a perda real dos outros no momento. Ele a experimentou e se conectou a ela. Qualquer coisa menos que isso é não ter contato com a realidade.

Realidade e isolamento emocional

> "Venham a mim, todos os que estão cansados e sobrecarregados, e eu lhes darei descanso".
>
> Mateus 11.28

A dura realidade: não existe essa coisa de autossuficiência emocionalmente satisfatória. Só existe uma pessoa com recursos emocionais ilimitados — e você não é essa pessoa.

Realidade e perseguição

> "Lembrem-se das palavras que eu lhes disse: Nenhum escravo é maior do que o seu senhor. Se me perseguiram, também perseguirão vocês".
>
> João 15.20

A dura realidade: um relacionamento com Jesus envolve sofrimento. Pode me inscrever! Assim como Jesus, devemos ser verdadeiros, ainda que isso signifique menos membros.

Realidade e disfunção

> "Respondeu o Senhor: 'Marta! Marta! Você está preocupada e inquieta com muitas coisas; todavia apenas uma é necessária. Maria escolheu a boa parte, e esta não lhe será tirada'".
>
> Lucas 10.41-42

A dura realidade: ele nos aceita como somos, mas nos ama demais para nos deixar do jeito que estamos.

Realidade e segredos

> "'Vá, chame o seu marido e volte'. 'Não tenho marido', respondeu ela. Disse-lhe Jesus: 'Você falou corretamente, dizendo que não tem marido. O fato é que você já teve cinco; e o homem com quem agora vive não é seu marido. O que você acabou de dizer é verdade'".
>
> João 4.16-18

A dura realidade: Jesus já viu o nosso filme — cada quadro dele. Nada se perde na tradução aqui. Jesus conhece todos os fatos sobre nossos espaços escuros. Isso é aterrorizante ou bastante aliviador. Agora não precisamos fingir ou esconder nada. Isto é para nós, não para ele.

Realidade e eternidade

> "Na casa de meu Pai há muitos aposentos; se não fosse assim, eu lhes teria dito. Vou preparar-lhes lugar".
>
> João 14.2

A maravilhosa realidade: nunca seremos separados — jamais! Essa é a melhor realidade de todas.

A vida na realidade

Como o homem de Deus sabe que seu caráter está se parecendo cada vez mais com o de Cristo, mais fundamentado na verdade, na realidade? Para o homem de Deus, é a diferença entre o Velho Você e o Novo Você — aquele que foi formado em Cristo. O homem guiado por Cristo negocia e vive bem na realidade.

Ele é capaz de falar a verdade, reconhecer a verdade numa situação e incentivar outros a enfrentar a realidade com uma perspectiva verdadeira. Ele aprendeu que a reação emocionalmente conveniente e confortável costuma ser a equivocada. Ele é guiado pela forte liderança do Espírito Santo e encontra a verdade na realidade. Quando isso acontece, muito mais coisas boas acontecem no homem de Deus. Ele:

- Aceita responsabilidade e avalia suas deficiências.
- Busca comentários construtivos de outros e aceita as consequências.
- Reconhece e lida com emoções negativas em vez de engoli-las.
- Faz o convite difícil (e melhor) logo de início.
- Não se esconde das perdas e das feridas, mas as lamenta.
- Para de colocar a culpa nos outros por seus próprios erros.
- Deixa de buscar apoio para compensar sua insegurança.
- Fala aos outros, com os outros e pelos outros quando o Espírito Santo assim orienta.

Essa é a vida que guardo de modo vigilante com um tanque de guerra. É a preciosa maneira de viver que Jesus me concedeu, dez vezes mais libertadora do que qualquer alternativa. É a vida que vê as coisas como elas realmente são e que confia em Deus em relação ao que ela será. É a vida que não precisa se encaixar com uma percepção. Ela dá fruto ao consentir avidamente com a realidade, em vez de ressentir-se ou aceitá-la com relutância. Ela me convence e entusiasma ao funcionar segundo o princípio de que ação e envolvimento são melhores, e que o silêncio é uma tentação do inimigo.

> ***Sonhando***
> *A negação é a nossa maior adversária, e a aceitação da verdade a nossa maior aliada.*

É a vida que sabe que a negação é meu maior adversário e que a aceitação da verdade é meu maior aliado.

Essa é a vida que deixou de ser seletiva em relação às partes da realidade que aceito em função de medo ou de orgulho.

Você está aí? Ou ainda é seletivo em relação à realidade que aceita? O que você ainda não é capaz de confrontar? Qual é o grande elefante branco que está na sala da sua vida? Deus é suficientemente grande para lidar com sua verdade? Ele tem amor suficiente para cobri-la? Ele tem poder suficiente e propósito para transformá-la? Essas são perguntas que o levam a ser como Cristo — perguntas que colocam você em contato com a realidade e a verdade, em vez de cultivar mais fantasias. Uma vida é autêntica e tem aparência real. A outra é sintética e artificial.

Como é a aparência da autenticidade? Cada vez que dizemos "ahá!", cada "uau, isso é profundo!", e todo "*agora* eu entendi" é resultado da obra de Deus em sua vida. Jesus Cristo leva todo o crédito por toda verdade, todos os momentos de revelação e todas as experiências com o impressionante escopo da realidade que trabalha em nossa vida e através dela. De fato, qualquer percepção que leve a uma maior consciência da verdade e da piedade tem em si a estampa de Deus. Do mesmo modo, Deus não pode apoiar ou abençoar nossa rejeição da verdade. A declaração "Eu sou... a verdade" infere automaticamente uma declaração igual e diametralmente oposta de Cristo, isto é, "Eu *não sou* uma fraude". A questão é: o homem de Deus pensa duas vezes sempre que é tentado a dar guarida a pensamentos prejudiciais. Qual é a aparência daquilo que é sintético e artificial? Nojento. Simplesmente não soa bem nem parece verdadeiro.

- "Isso não vai machucar ninguém."
- "Deus vai entender essa única vez."

- "Deus não quer que eu viva assim."
- "Ele vai me perdoar."

A racionalização é o oposto da realidade. Arrumar desculpas para nós mesmos quanto à realidade de nossa responsabilidade como homem de Deus não é algo aceitável. Não são coisas boas. Não têm semelhança com Cristo. Sua consciência do amor de Deus por você, o caráter de Cristo se formando em você e sua parceria com o Espírito Santo que vive dentro de você incineram tal autoilusão. O mais importante é que o homem de Deus sabe que a aceitação ou a promoção de uma mentira produz enormes consequências negativas. Reconhecimento e aceitação, não importa quão doloridos sejam, produzem a maior liberdade e bênção na vida.

Para ser como Cristo, é preciso tirar as luvas. É hora de ver, envolver-se e interagir com aquilo que é, não com aquilo que você gostaria que fosse. É preciso coragem do tamanho de um homem para viver na verdade e na realidade — você precisa se abrir para a transformação pessoal.

Quer saber qual é a parte difícil? É admitir que sua identidade e suas energias podem estar parcialmente fora de lugar. Mas hoje você tem a oportunidade de tornar-se mais como Cristo — um homem que não precisa criar um mundo de irrealidade para que possa sentir-se melhor ou mais seguro.

O resumo é que Jesus negocia a realidade muito bem. É como deveria ser — afinal, foi ele quem a criou. E isso significa que aquele que vive em você está apenas esperando para encorajar pessoas a buscá-la para que sejam libertas, algo muito semelhante ao que ele fez enquanto esteve por aqui. Siga o exemplo e não desista. Quanto mais semelhante a Jesus você se tornar, mais liberdade você terá.

Por quê? Porque você é real.

Esse é o sonho real, parceiro.

13

Soldado do céu

Para isso o Filho de Deus se manifestou:
para destruir as obras do Diabo.
1João 3.8

Às vezes você tem de lutar.

Foram necessárias quase duas horas para chegar à prisão de segurança máxima em Chiapas, México, onde oitenta homens estavam a nossa espera. A maioria estava lá havia dez anos, presos injustamente pelos mafiosos locais que estavam irritados com os cristãos por eles não pagarem pelos rituais pagãos. Os cristãos atrapalharam o equilíbrio de poder nas comunidades da montanha ao se recusarem a pagar, de modo que as autoridades locais promoveram assassinatos em massa e enquadraram os cristãos. O processo nos tribunais ilegais foi instaurado e pago pela mesma máfia mexicana, e o plano colocou todos os opositores na cadeia.

E ali estávamos nós, cinco gringos *de los Estados Unidos*, levando suprimentos e encorajamento aos nossos irmãos perseguidos.

Guardas usando macacões pretos, coletes à prova de bala e empunhando fuzis M-16 nos receberam no portão. Eles ficaram com nossas câmeras e nos acompanharam até a área de triagem para que pudéssemos entrar. Já havíamos passado pelo pesadelo jurídico que foi obter permissão para entrar, mas ainda não sabíamos ao certo se tínhamos toda a papelada correta. Um a um, fomos revistados de cima a baixo, passamos por um detector de metais e recebemos ordem de esperar. Todos os presentes que havíamos trazido foram cuidadosamente inspecionados — escovas de dentes, sabão, papel higiênico.

Depois que tudo foi revistado, um carcereiro nos levou por diversas portas de aço de correr que eram fechadas atrás de nós com um enorme barulho — *blam!* A cada vez, o barulho das chaves, outro portão deslizava e *blam!* Finalmente, chegamos ao pátio das celas, uma ala de 15m x 50m, de vidro, entre dois blocos de celas de concreto com três andares cada um. Disseram que os prisioneiros seriam reunidos e trazidos de suas celas individuais. Esperamos meia hora e então ouvimos novamente o barulho das chaves. Alguém estava chegando. Quando vimos uma mulher bem vestida acompanhada por um carcereiro (sem nenhum prisioneiro ao lado), percebemos que algo ia acontecer.

> A máfia mexicana promoveu assassinatos em massa e enquadrou os cristãos.

Nosso amigo advogado falou com a mulher, a assistente do diretor do presídio, e depois de alguns minutos, soubemos que não teríamos permissão de ver todos os prisioneiros. Poderíamos ver apenas grupos de dez por vez, o que só daria tempo de visitar metade dos homens. Sabíamos que estávamos sendo impedidos e que os obstáculos não eram o diretor da prisão, o horário ou a papelada. Aquilo era espiritual. Em algum lugar por trás dos muros estava um grupo de irmãos que precisavam desesperadamente de encorajamento.

Começamos a contra-atacar. Pedimos para ver todos os prisioneiros, não apenas dez por vez. Então dissemos à assistente do diretor do presídio que gostaríamos de falar com o chefe dela. Explicamos que viéramos de muito longe para estar ali e que representávamos as famílias daqueles prisioneiros. A mulher ouviu e então desapareceu — e a guerra espiritual começou de verdade.

Sabíamos que era uma tentativa com poucas possibilidades de sucesso, mas Deus pode abrir portas de prisões. Oramos, oramos e oramos para que a autoridade de Deus nos permitisse visitar aqueles irmãos que sofriam injustamente. Dez minutos depois, nossa vigília foi interrompida por um homem que vinha em nossa direção vestindo camisa polo listrada e calça jeans — era o diretor. Ele não tinha a aparência que esperávamos; até sorria.

Nós nos apresentamos e explicamos nossa dificuldade. Ao que parece, ele era novo no cargo e não sabia por que aqueles homens foram parar ali. Ficou claramente comovido e expressou surpresa ao ouvir que éramos cristãos. Ele então disse: "Eu também sou cristão. Por favor, venham até o pátio principal e vocês poderão se encontrar com todos os presos, juntamente com seus irmãos".

Mais barulhos de chaves, mais portas batendo e homens em macacões cor de laranja começaram a aparecer. Fomos guiados até o pátio principal da prisão: um campo de futebol de terra, quadras de basquete e um pequeno conjunto de arquibancadas que usamos como plataforma. Os irmãos presos choravam e nos abraçavam, exultantes com nossa presença. Senti-me pisando em terra santa. Encontramos o líder, reunimos os homens e juntamos uma grande multidão de observadores curiosos.

Fomos apresentados e a pregação começou. As circunstâncias, os rostos e os sons que ouvimos naquele pátio são ainda reais para mim, até hoje. Foi uma experiência surreal, mas senti o sonho dos céus envolvendo aquele culto. Jesus estava presente em pessoa ali.

Alan falou primeiro, por meio de um tradutor: "Meu espanhol é fraco, mas a Palavra de Deus é forte". Depois de alguns minutos, ele interrompeu seu pequeno sermão com um lembrete de que nada "será capaz de separar [você] do amor de Deus que está em Cristo Jesus, nosso Senhor". Os homens se agarravam a cada palavra.

Hector falou em seguida. "Todos aqui estão olhando para vocês!", exclamou ele. "Eles precisam ver Cristo em vocês." Quando chegou minha vez, comecei com uma paráfrase da declaração de José, depois de sua odisseia na prisão: "O mal que os homens planejaram contra vocês, Deus o tornou em bem". Não tenho certeza de quão bem eles entenderam meu espanhol, mas terminei com um elogio: "A coragem de vocês me deu mais coragem de testemunhar de Cristo. A luz de vocês está brilhando forte além desses muros. Vocês são os campeões da fé!".

Nenhum de nós havia dormido na noite anterior. Fogos de artifício estouraram a noite inteira em celebração a Nossa Senhora de Guadalupe. O cartão do banco de meu amigo Hans foi engolido pelo caixa eletrônico e nunca mais visto. A filha de nosso advogado adoeceu naquele dia. Os guardas da prisão disseram que a papelada estava errada e que nossa permissão de visita era inválida. Encontramos obstáculos a cada esquina. Mas quando oramos e enfrentamos o desafio, encontramos o diretor e recebemos a chave de sua cidade para levar a Palavra de Deus aos famintos.

A pergunta que me assombra é: e se? E se não tivéssemos lutado para falar àqueles homens? E se não tivéssemos nos preparado e crido que Deus poderia realizar um milagre? Havia a possibilidade de nenhuma porta da prisão ter se aberto naquele dia. Nenhuma pregação da Palavra de Deus a toda aquela população carcerária. Nenhum abraço. Nenhuma lágrima. Nenhum clamor de adoração numa quadra de basquete em ruínas. Nenhuma caminhada do guerreiro rumo ao coração das trevas.

E se?

Essa é uma batalha sobre a qual meus colegas e eu conversaremos quando ficarmos velhos — como nos portamos com firmeza naquele dia e como a cavalaria do céu veio para nos resgatar.

O lutador definitivo

Jesus Cristo veio para lutar e vencer. Ora, é verdade que sou filho de militar e minha mãe é sobrevivente de um campo de prisioneiros de guerra. Eu estava embebido numa mentalidade masculina e em testosterona agressiva. Mas nada daquilo tem alguma coisa a ver com isto: Jesus veio para travar uma batalha espiritual e resgatar os reféns das mãos do inimigo. Tudo gira em torno dele. A guerra é dele. Ele declarou uma *jihad* contra Satanás e o pecado. É a batalha dele e, quando a questão é brigar, há sangue de verdade — em enormes quantidades. Não é possível ler sobre a campanha paranoica de infanticídio lançada por Herodes para neutralizar o nascimento de Cristo e não perceber a realidade. Não se pode ver o terror nos demônios que ele expulsou e deixar de entender. Você não pode pensar nos ataques satânicos à mente de Jesus, ouvir o sermão do monte ou vê-lo pondo ordem no templo e contabilizar tudo como algo provocado por uma glândula pituitária hiperativa. Não. Um dia terrível está chegando, quando nosso queixo cairá de espanto. Todos contemplarão o Cavaleiro. E ele não estará trazendo flores para a festa.

> Vi os céus abertos e diante de mim um cavalo branco, cujo cavaleiro se chama Fiel e Verdadeiro. Ele julga e guerreia com justiça. Seus olhos são como chamas de fogo, e em sua cabeça há muitas coroas e um nome que só ele conhece, e ninguém mais. Está vestido com um manto tingido de sangue, e o seu nome é Palavra de Deus. Os exércitos dos céus o seguiam, vestidos de linho

> fino, branco e puro, e montados em cavalos brancos. De sua boca sai uma espada afiada, com a qual ferirá as nações. "Ele as governará com cetro de ferro." Ele pisa o lagar do vinho do furor da ira do Deus todo-poderoso. Em seu manto e em sua coxa está escrito este nome: REI DOS REIS E SENHOR DOS SENHORES.
>
> Apocalipse 19.11-16

Detestaria estar na frente da espada desse Cavaleiro. Jesus Cristo é cruel na guerra contra Satanás e o mal. Se existem mínimos traços de testosterona em seu corpo, pensar nesse tipo de Jesus deveria fazer sua adrenalina jorrar. Ele é a incorporação do lutador definitivo contra o mal — invencível e totalmente capaz de infligir danos permanentes. E tudo isso vem do defensor dos indefesos, aquele que é tão cheio de amor pelas pessoas que chorou lágrimas de sangue.

Mas se você mexer com os irmãos dele, cuidado.

Ser homem de Deus significa ser um homem pronto para se envolver no combate contra o inimigo. Mais especificamente, significa estar preparado para lutar as batalhas espirituais. O oposto disso são homens cristãos informais que deixam de "ficar firmes contra as ciladas do Diabo" (Ef 6.11), homens que capitulam diante do sonho de Deus para eles.

> ***Sonhando***
> *Jesus é a incorporação do lutador definitivo contra o mal.*

Uma medida da semelhança a Cristo é seu firme compromisso de lutar contra o inimigo espiritual invisível. Você sai proativamente atrás do mal e do pecado em sua vida e na vida do próximo sempre que eles colocam a cabeça para fora? Talvez você se questione como um homem pode ser assim tão confiante. É algo que se encontra no espírito e no caráter de guerreiro de Jesus, também conhecido com o Leão da tribo de Judá, que vive — e que vive em você! Esse é o Homem que escolheu a morte e se colocou firmemente contra os ataques do diabo. E ele o convocou para fazer a mesma coisa.

Isso é profundo. O sonho de Deus para sua vida é que você possua o mesmo coração de soldado ao treinar no lugar dele. Assista ao filme dele. Estude as reações que ele tem. Investigue as táticas do inimigo. Imite a Cristo e incorpore suas habilidades.

Jesus resistiu de maneira rápida e eficiente aos apelos de Satanás a seus apetites

Lembra-se do Deus-homem que entrou na floresta da tentação cheio do Espírito Santo? Essa é a primeira chave. Foi sussurrada em seu ouvido uma oferta no momento em que ele olhou para a face do tentador no deserto. O que ele fez? Ele descarregou os dois canos de sua espingarda por meio da declaração: "Está escrito: 'Adore o Senhor, o seu Deus, e só a ele preste culto'" (Lc 4.8).

Você está de tal modo cheio do Espírito Santo a ponto de ser capaz de também responder com força? Você tem as Escrituras carregadas e prontas em seu coração? Mais importante: você usa sua arma quando é tentado? O salmista tinha isso em mente quando escreveu naquele antigo rolo: "A boca do justo profere sabedoria, e a sua língua fala conforme a justiça. Ele traz no coração a lei do seu Deus; nunca pisará em falso" (Sl 37.30-31).

Essa é sua munição como guerreiro espiritual.

Jesus reconheceu as distrações do inimigo quanto aos propósitos de Deus para sua vida

> "Desde aquele momento Jesus começou a explicar aos seus discípulos que era necessário que ele fosse para Jerusalém e sofresse muitas coisas nas mãos dos líderes religiosos, dos chefes dos sacerdotes e dos mestres da lei [...] Então Pedro, chamando-o à parte,

> começou a repreendê-lo, dizendo: ‘Nunca, Senhor! Isso nunca te acontecerá!’. Jesus virou-se e disse a Pedro: ‘Para trás de mim, Satanás! Você é uma pedra de tropeço para mim, e não pensa nas coisas de Deus, mas nas dos homens’.”
>
> Mateus 16.21-23

Pedro já tinha tudo planejado: nada de confusão política. Nenhum golpe militar sujo. Nenhum problema religioso. Jesus via além da gafe fora de hora de Pedro. Ele via o plano de Satanás para afastá-lo de sua missão. A mensagem era um sussurro familiar: “Esse plano não parece muito melhor? Faz muito mais sentido”.

Deus o está convocando para chamar alguém para a briga?

Pedro não tinha chifres na cabeça, mas Jesus não respondeu a Pedro. Ele falou com Satanás. Isso realmente deveria nos fazer pensar duas vezes sobre a maneira que o homem de Deus deve olhar para as pessoas. Você vê pessoas sujeitas a forças espirituais? Você consegue enxergar o potencial de Satanás de usar pessoas a sua volta, até mesmo rostos familiares, para desviá-lo daquilo que você já sabe?

Deus o está convocando para chamar alguém para a briga? Jesus sabia que o diabo era o mensageiro por trás daquela sugestão. E pôs um fim nisso. A capacidade de exercer esse tipo de discernimento e coragem — sem mencionar o sacrifício do conforto — é a ambição de Deus para todo homem de Deus. Jesus tinha esse tipo de coragem, pois conhecia o inimigo e sabia suas intenções. Ele disse: “O ladrão vem apenas para roubar, matar e destruir” (Jo 10.10). “[O Diabo] foi *homicida* desde o princípio e não se apegou à verdade, pois não há verdade nele. *Quando mente, fala a sua própria língua*, pois é mentiroso e pai da mentira” (Jo 8.44, grifos do autor).

Jesus estudou o verdadeiro caráter de Satanás e o expôs. Ele sabia que todas aquelas jogadas tinham uma coisa em comum: Satanás, aquele que nunca muda. Quando é tentado você pensa "Satanás?" ou "é apenas cansaço; apenas um momento de fraqueza"? Talvez, mas era exatamente isso que se passava com Jesus em seus momentos de tentação. E ele não deixou que Satanás tirasse vantagem.

Jesus demonstrou sua autoridade sobre o Diabo — e a concedeu a seus seguidores

> "Quando um homem forte, bem armado, guarda sua casa, seus bens estão seguros. Mas *quando alguém mais forte o ataca e o vence*, tira-lhe a armadura em que confiava e divide os despojos".
>
> Lucas 11.21-22, grifos do autor

Existe uma cadeia cósmica de comando, mas o desejo de Satanás por alcançar o topo não pode se comparar ao Homem que lá está. Quando Jesus fez um jogo de poder celestial, disse que a mesma autoridade estava disponível a eles também:

> "Os setenta e dois voltaram alegres e disseram: 'Senhor, até os demônios se submetem a nós, em teu nome'. Ele respondeu: 'Eu vi Satanás caindo do céu como relâmpago. *Eu lhes dei autoridade para pisarem sobre cobras e escorpiões, e sobre todo o poder do inimigo*; nada lhes fará dano".
>
> Lucas 10.17-19, grifos do autor

A confiança no poder de Cristo é mais importante que o equipamento. Quando você empunha uma metralhadora e seu inimigo tem apenas um canivete, você pode ter confiança. Esse é o sentimento que Jesus passou a seus homens: não se preocupem, vocês têm autoridade sobre o mal; Deus tem autoridade sobre todas as coisas! Não é o que o homem de Deus pode fazer para Deus, mas o que Jesus Cristo fez por nós.

Força devastadora e autoridade no comando produzem confiança. Você anda nesse poder, autoridade e confiança neste exato momento, como homem de Deus? Você sabe como acessá-los e colocá-los em ação no dia a dia? Há forças ávidas trabalhando duro para prejudicar a obra de Deus. Talvez elas não sejam vistas, mas querem desesperadamente obter controle e poder sobre nós. Jesus Cristo nos deu inteligência e ferramentas para lutar contra as forças que a nós se opõem.

Você está aqui, neste momento da história, para lutar no caráter de Cristo.

Ipso facto

Ipso facto é um termo em latim que significa "como consequência obrigatória do fato". Todo seguidor de Cristo, *ipso facto*, é necessária e deliberadamente um inimigo de Satanás.

Pare por um instante e espere a tinta secar, como dizem no sul dos Estados Unidos. A declaração é simples, fácil de entender, mas as implicações são perigosamente profundas. É isso o que faz com que ser um homem de Deus seja tanto nobre quanto arriscado. É claro, continua sendo perigoso sem Deus, mas o próprio ato da identificação com Jesus Cristo significa uma coisa irrefutável: você é o inimigo do inferno. Embora possamos ser tentados a manter essa realidade impecavelmente compartimentalizada, Jesus não fez isso. Como aprendemos, o que importava é o que ele falou, não aquilo que nos interessava. Vamos aos fatos:

- Sobre a natureza da batalha e quem é chamado a lutar: "Desde os dias de João Batista até agora, o Reino dos céus é tomado à força, e os que usam de força se apoderam dele" (Mt 11.12).

• Sobre a cumplicidade do homem com o diabo: "Por que a minha linguagem não é clara para vocês? Porque são incapazes de ouvir o que eu digo. Vocês pertencem ao pai de vocês, o Diabo, e querem realizar o desejo dele" (Jo 8.43-44).

• Sobre a realidade da batalha espiritual e a impossibilidade de ser neutro: "Isso é guerra, e não há território neutro. Se vocês não estão do meu lado, são meus inimigos; se não ajudam, estão atrapalhando" (Mt 12.30, MSG).

O ato de conhecer e amar a Cristo transforma cada um de seus seguidores em opositores reais a Satanás e suas forças. Jesus eliminou a possibilidade de indecisão. Tão impressionante quanto uma declaração plena de guerra entre as nações poderia ser, tão lamentável e doloroso quanto o custo, essa guerra, a nossa guerra, engendra consequências cósmicas que minimizam todo inferno de toda guerra já travada. Não existe aqui algo como coexistência pacífica. Pelo contrário, haverá campanhas violentas de batalha espiritual e homens violentos atuando nelas.

As forças satânicas e os seres humanos cooperam atualmente para promover o mal contra o Filho de Deus e seus seguidores? Sim. Essa é a pura realidade, meu irmão. Você está pronto?

O homem que Satanás ama

Como é o homem que Satanás ama?

• *Ele engole a maior mentira de Satanás.* Satanás não existe. Ele não está ativo. Ele é disperso por aqueles fanáticos que enxergam um demônio debaixo de cada pedra.

• *Ele aceita apenas aquilo que é tangível.* Ele só sente, vê e experimenta coisas materiais, sem olhos para a grande guerra espiritual por sua vida e pela vida de outros.

• *Ele não percebe as armas que possui.* Ele não sabe como usá-las, quando usá-las e nem sequer tem consciência de que elas existem. (Você pode obter um treinamento básico sobre armas e aplicações em Efésios 6.10-18.)

• *Ele permite que Satanás o oprima livremente.* Ele não trava uma luta em meio à crítica, culpa, dúvida, medo ou desânimo. Ele não vê Satanás tentando atrapalhar seu crescimento e eficácia ao afastá-lo das disciplinas espirituais.

• *Ele não conhece os temores de Satanás.* Ele não vê poder na presença de Deus, no pronunciamento de sua Palavra e no som do nome de Jesus.

• *Ele não tem consciência de sua autoridade.* Ele não tem habilidade para projetar e fazer uso de sua identidade espiritual em Cristo.

Esse é o pior pesadelo de Deus em relação a um de seus filhos. Mas o homem que Satanás teme tem as qualidades básicas opostas:

• *Ele reconhece seu lugar.* O homem de Deus sabe, acima de tudo, que nos envolvemos na batalha espiritual a partir de uma posição de profundo amor por Deus e pelas pessoas.

• *Ele respeita seu oponente.* Ele é pessoalmente consciente de Satanás, de suas táticas e de seu poder de influenciar vidas.

• *Ele valoriza a verdade.* Ele consegue divisar claramente manipulações distorcidas.

• *Ele reage de maneira decisiva.* Ele está constantemente em busca de comportamentos e estratégias de semelhança com Cristo para vencer Satanás.

• *Ele confia no Espírito Santo para receber discernimento espiritual.* Ele sabe que todas as suas escolhas estão sujeitas à batalha espiritual.

• *Ele descansa na graça.* Este homem sabe que Jesus Cristo destruiu o poder de Satanás.

Satanás odeia um cara que mantém a guarda erguida e que vê as escolhas de todos os dias como manobras táticas. Perdoar alguém em vez de atacar, dizer não a desejos prejudiciais em vez de alimentá-los, encorajar em vez de desanimar. Optar por fortalecer os relacionamentos familiares em vez de trabalhar até tarde. Optar por uma forma como a de Cristo para abordar problemas em vez de justificar rumos diferentes. As coisas do dia a dia são o local onde o sonho é realizado — dia após dia, momento após momento.

Como soldado do céu, você sabe que a tática de Satanás é minar pouco a pouco sua resolução. Você sabe como ele tenta deixar as pessoas ocupadas demais para que consigam ter relacionamentos de qualidade com Deus e com os outros. Você sabe que sua fé é uma cruzada cósmica na qual Cristo lidera o ataque, com olhos fixos e espada desembainhada. O Cavaleiro, chamando seus homens, diz: "Espadas a postos!".

14

Não, obrigado

O mundo nada mais é senão uma grande hospedaria, onde estamos para passar uma noite ou duas e, depois, partirmos. Que grande insanidade é nos envolvermos de tal modo com a hospedaria a ponto de nos esquecermos de nosso lar!
THOMAS WATSON

Sou tentado por várias coisas todos os dias. No caminho para Des Moines, capital do estado americano de Iowa, fiz uma pequena escala em Omaha, maior cidade do estado de Nebraska. "Quero ser o primeiro a dar-lhes as boas-vindas a Omaha, cuja hora local é 12h15. Os passageiros que vão continuar até Des Moines podem circular pela cabine...".

Blá, blá, blá. Eu precisava me esticar depois da experiência que passei no assento do meio, tendo-o "Homem de Aço" — aquele do desenho animado — à esquerda e uma versão universitária do "Hoss" — o grandalhão do seriado Bonanza — à direita. Quando aqueles dois brutamontes desembarcaram, dei um grande suspiro e agradeci a Deus pela capacidade de respirar pela boca, o que preservou meu olfato (você deve entender o que estou dizendo). Liberado do sanduíche humano, levantei-me do meu lugar. Depois de uma boa esticada no fundo do avião, permaneci em pé e fiquei olhando enquanto Hoss e Homem de Aço desembarcavam. Alguns minutos se passaram enquanto apoiava meus cotovelos num apoio para a cabeça no final do corredor. Cabeça baixa, mãos apertadas e olhos fechados, creio que eu dava a impressão de estar passando por uma forte ressaca.

A aeromoça começou a saudar os passageiros. "Olá, bem-vindo a bordo. Olá!" Levantei a cabeça. Foi então que vi... a Criatura.

> Você teria de ser um robô para não notar.

Era uma "viradora de cabeças" certificada — qualquer homem, mulher e criança deveria ser legalmente cego para não notar aquela maravilha "legalmente loira". Vou tentar descrevê-la:

- 1,80m e uns trocados de altura.
- Cabelo loiro, tingido e curto.
- Longos cílios negros.
- Maquiagem de um musical da Broadway.
- Grandes lábios vermelho-rubi.
- Chassi de Ferrari.
- Colete de couro vermelho, curto e decotado.
- Calça capri branca justa.
- Salto agulha preto.

Em resumo, a Criatura era surreal. Enquanto caminhava pelo corredor, caí na real e me forcei a reassumir a postura de cabeça baixa. O exato processo mental por que passei foi este:

- Uau!
- Agora entendo o que é chamar a atenção.
- Cara, o inimigo não desiste.
- Graças a Deus por Chrissy.

Era um espetáculo visual — algo como um peixe tropical exótico em meio aos peixinhos dourados comuns. Você teria de ser um robô para não notar. Eu não sou um robô.

Meu segundo pensamento estava relacionado ao "porquê" daquela criatura, algo como "por que esse show de cabaré de Las Vegas?". Era tudo tão exagerado que não pude deixar de pensar. Depois de uma década trabalhando na área de saúde psicológica, milhares de avaliações individuais e centenas de contatos com pacientes em busca de aconselhamento, aprendi uma coisa: quanto maior o espetáculo, mais profunda é a ferida. Não importa se é uma adolescente gótica envolta em morte ou uma supermulher vestida de maneira sensual. Tão certo como o nascer do sol, essas demonstrações são pedidos não tão velados de atenção.

Os olhares ajudam a suavizar a busca por amor que a menina ferida realiza. Como sei disso? Porque eu era exatamente igual à Miss Omaha antes de o amor de Cristo resolver o problema. Eu também costumava pensar: "Sou digno de receber amor?". Ainda que, lá no fundo do avião, eu não tivesse caído, parte de mim ainda era vulnerável a reagir ao clamor por atenção vindo da Criatura. Eu estava sendo sugado para dentro do apelo que ela fazia, até que a voz do Espírito interveio.

Tudo isso aconteceu numa questão de poucos segundos, mas continuei de cabeça baixa e mantida a meio mastro, balançando-a de um lado a outro, quando, de repente, senti um tapa no meu ombro.

"Vocês, homens, gostam desse tipo de coisa", sussurrou uma voz atrás de mim. Era uma aeromoça que me viu prestando atenção na Criatura. Ela deixou claro que sabia no que eu estava pensando.

Rapidamente, peguei minha carteira e tirei uma foto de Chrissy. "Por que olhar para *aquilo* se você pode olhar para *isto*?" Sorri e toquei a foto, enchendo o peito e olhando diretamente nos olhos dela.

Surpresa com a minha reação, ela tentou disfarçar o olhar de surpresa em seu rosto, sussurrou alguma coisa sobre a beleza de Chrissy e saiu apressada pelo corredor para saudar a Criatura.

A tentação havia se apresentado. Eu podia ter acampado ali, ter lançado um olhar provocativo para ela, comparado-a com outras mulheres e tido um pequeno Lanche Feliz mental. Mas diferentemente do velho Kenny, que teria se jogado de cabeça naquela refeição e buscado ansiosamente o brinquedo dentro da embalagem, eu disse "não, obrigado". De fato, foi um não triplo, direcionado às vozes indulgentes da cultura, ao meu próprio lado escuro e ao diabo, que tenta minimizar as consequências e fazer com que a aceitação da tentação seja benigna. O inimigo adora mascarar essas necessidades pessoais, campeão de pesca que é, balançando a isca no momento exato e tentando camuflar minha tentação número 1 como uma indulgência merecida num momento de debilidade.

A batalha espiritual é sutil assim. E tóxica. Se o homem de Deus não estiver atento nem for treinado para ver as garras do inimigo, Satanás (e seu parceiro, o mundo) vai conquistá-lo.

Conhecimento da batalha pelo controle espiritual do meu coração e mente, conhecimento de que o exterior das pessoas reflete seu interior e conhecimento de uma esperança melhor para minha vida, tudo combinado para minha vitória apertada naquela pequena escala. Essas são as táticas que permitem que o homem de Deus refaça a moldura da imagem das pessoas e das circunstâncias, que decodifique as realidades espirituais e assuma riscos na direção da esperança — em Cristo. Digo aos rapazes o tempo todo: "Ser tentado não é pecado. Pecado é ceder!".

Enquanto vivemos no mundo, arriscamos dizer não à tentação para poder dizer sim a Deus.

Conexão de voos

As escalas não são a nossa casa. Não importa se é uma escala mental com a Criatura numa pista de pouso em Omaha ou uma escala física a caminho de meu destino final. Nenhuma delas é a nossa casa. Chrissy é a minha casa. Não invisto nem me arrisco em lugares onde não vivo. Essas excursões não são a esperança para mim. Digo "não, obrigado" a elas porque invisto meu capital físico, emocional e relacional no meu lar verdadeiro.

Trata-se de lembrar quem você é — e de quem você é. O essencial para a fé cristã prática e diária é saber de onde você veio e para onde você vai. Quando tiver obtido as respostas a essas perguntas, você pode ser espiritualmente agressivo sem apologia — até mesmo implacável com respeito aos compromissos e limites pessoais.

O homem de Deus pode se arriscar de maneira poderosa em favor de esperanças e sonhos, mas sempre na direção do lar.

Pense nisso. Você achava que poderia conquistar a afeição de sua noiva, de modo que se arriscou a pedi-la em namoro no primeiro encontro e agiu como se estivesse ciente de seus próprios sentimentos (o que aparentemente funcionou). Em outra ocasião, você esperava que pudesse receber aquela promoção no trabalho, de modo que se arriscou a preparar-se e reunir sua força interior para defender-se da melhor maneira. Talvez você tenha feito um compromisso de realizar uma rotina de treinamento físico na esperança de correr uma maratona ou terminar uma prova de resistência. Talvez você tenha se convencido a investir na abertura de um negócio ou na compra de uma casa nova. Você arriscou capital relacional, emocional, físico e financeiro na esperança de dar início a algo novo. E você o fez na esperança de criar um lugar contínuo que pudesse chamar de "lar".

> Você achava que poderia conquistar a afeição de sua noiva, e agiu como se estivesse ciente de seus próprios sentimentos

Sempre arriscamos tendo em mente o final.

Tenho o maravilhoso privilégio de prestar serviço de capelania para equipes esportivas. Gosto muito disso, especialmente porque levo um de meus filhos. Nunca me esquecerei da vez em que Ryan e eu voamos para Oakland, no estado da Califórnia para ver os New York Jets. Pouco antes de embarcarmos no avião, meu filho disse: "Pai, não estou me sentindo bem". "Não, agora não", pensei. Mas meus maiores temores se concretizaram: gastroenterite. Isso o impediu? De jeito nenhum. Jantar com Chad Penington, o ídolo de futebol americano do Jets, juntamente com toda a defesa do time, além dos ingressos para o jogo seguinte, colaboraram para que meu filho tivesse grandes esperanças. Ele estava decidido a completar a viagem de seus sonhos, fosse como um homem saudável ou como um cachorro doente. Ele tinha esperança, a despeito de seu desconforto físico.

Li sobre um período em que o jogador de basquete Michael Jordan foi acometido por uma gastroenterite como a de Ryan. O episódio com o vírus aconteceu pouco antes de um importante jogo das finais do campeonato da NBA. Ele não disse nada a ninguém e foi em frente, jogou o jogo inteiro e fez o arremesso que deu a vitória ao Chicago Bulls.

Assumimos riscos astronômicos nas áreas de nossas maiores esperanças a despeito dos grandes custos pessoais. A dor é um poderoso estorvo e tem a capacidade de erodir nossa confiança. Mas ainda que, numa batalha direta, o desconforto possa dissuadir, sempre terei esperança no sonho.

Jesus veio de Deus como cidadão do céu. Ele ansiava pelo momento em que voltaria para casa. Sua cura para o mundanismo sempre trazia à mente seu verdadeiro lar, o lugar eterno que ele sabia ser muito mais glorioso que qualquer outra coisa de que tivesse de abrir mão. Ele imprimiu sobre os outros seu conhecimento pessoal do céu e sua consciência da promessa que fizera para todo aquele que viesse a crer. Por meio de suas escolhas de arriscar a terra pelo céu, temos um claro retrato de quem ele era e para onde estava voltado, fazendo com que aquilo que ele pudesse vir a possuir ou as coisas que foram ditas sobre ele se tornassem totalmente insignificantes. Qualquer pessoa que se encontrou com Cristo pôde enxergar: aquele olhar firme para o reino eterno, que facilitava dizer "não, obrigado" a qualquer tentação distante de seu verdadeiro lar. Jesus não era mundano porque este mundo não era seu lar, nem sua esperança.

A grande pergunta para você hoje é: quais são suas maiores esperanças nesta vida? Os riscos que você assume dizem tudo. Se você ama as pessoas, então assumirá riscos para tornar esses relacionamentos saudáveis e íntimos. Em contrapartida, se você ama heroína, você manipula, rouba e corre riscos inconcebíveis para obter mais dinheiro para voltar ao seu lar — uma nova dose. Mas se você ama a Deus, assume riscos através de suas escolhas que mostram de onde você vem e para onde está indo.

Tal qual o Deus-homem, o homem de Deus se arrisca em importantes escolhas na direção de sua derradeira esperança do céu.

Uma esperança que ataca

O sonho de Deus para nossa vida é a semelhança a Cristo. A semelhança a Cristo envolve escolhas difíceis na direção de nossas esperanças por nosso lar eterno.

A Constituição de Cristo era esta: sempre diga não às ofertas da terra se elas diminuírem os valores ou os relacionamentos do nosso lar. A evidente afirmação de Cristo foi de que a terra é uma escala. Essa perspectiva produz um paradigma espiritual bastante prático de agressão espiritual que vê as escolhas na terra com um investimento em nosso lar e em nossa esperança.

O sermão do monte é seu Artigo I: "Não acumulem neste mundo tesouros que podem ser devorados por traças, corroídos pela ferrugem ou — pior! — roubados. Prefiram um tesouro no céu, pois ali estará a salvo das traças, da ferrugem e dos ladrões. Não parece óbvio? Saibam que o lugar em que vocês mais desejam estar é perto do seu tesouro; e é lá que acabarão indo parar" (Mt 6.19-21, MSG).

Perguntas: Onde está o seu lar? Onde você deseja acabar? Em minhas escalas de voo, todo mundo que vejo realmente quer chegar em casa, para sua família, seus amigos e sua própria cama. O mesmo aconteceu com o Deus-homem. Ele continuou optando por dizer não às coisas presentes nas escalas. E, ao mesmo tempo, estava dizendo sim ao lar. Durante esta escala, o homem de Deus diz:

- *Não à indulgência.*

> "Percebendo que ele estava com fome, o Diabo aplicou a primeira prova: 'Já que você é o Filho de Deus, dê a ordem que transformará essas pedras em pães'. Citando Deuteronômio, Jesus respondeu: 'É preciso mais que pão para viver de verdade'".
>
> Lucas 4.3-4, MSG

O Deus-homem tinha apetites que ele optou por não alimentar em nome de propósitos mais elevados. Especialmente quando esses apetites iam contra o lar da Palavra de Deus. Esse foi seu padrão na terra, quer se tratasse de comida, sexo, abrigo ou outros confortos físicos — "[Temos] alguém que, como nós, passou por todo tipo de tentação, porém, sem pecado" (Hb 4.15). Suas necessidades corporais na terra nunca tiveram mais autoridade do que suas intuições em relação ao lar e aos relacionamentos de lá. Seus propósitos espirituais sempre satisfizeram mais profundamente e não poderiam ser vendidos por qualquer coisa.

- *Não a outro trabalho.*

> "Para a segunda prova, o Diabo transportou-o até o pico de uma imensa montanha. Tentando ser convincente, mostrou-lhe todos os reinos da terra num relance. Então, fez a proposta: 'Tudo isso é meu. Eu mando em tudo aqui e posso entregar estes reinos com o seu fascínio a quem eu quiser. Basta que você me adore, e tudo será seu!'. A resposta de Jesus foi direta e mais uma vez recorreu a Deuteronômio: 'Adore somente ao Senhor seu Deus. Sirva ao Senhor com absoluta inteireza de coração'".
>
> Lucas 4.5-8, MSG

O Deus-homem não iria usar uma jaqueta dupla face — metade para o céu, metade para o inferno. Ele queria honrar seu contrato celestial, acontecesse o que acontecesse. Nada de cláusulas de exclusão, pré-requisitos ou brechas por onde escapar. De fato, ele rejeitou tudo isso sem rodeios. Jesus se alegrava em ser um time de um homem só — muito embora estivesse vivendo numa cidade diferente por algum tempo. Ele relembrava os desviados das regras presentes em seu contrato sempre que eles reclamavam.

- *Não ao desperdício de influência.*

> "Para a terceira prova, o Diabo levou Jesus a Jerusalém. Ele o pôs na parte mais alta do templo e o desafiou: 'Já que você é o Filho de Deus, pule!'. Para instigá-lo, o Diabo citou o salmo 91: 'Ele o entregou ao cuidado dos anjos. Tanto o protegerão que você não machucará o dedo numa pedra'. Jesus contra-atacou com outra citação de Deuteronômio: 'Não tenha a ousadia de testar o Senhor seu Deus'".
>
> Lucas 4.9-12, MSG

Jesus reconhecia o sarcasmo quando o via e não o exaltava. Ataques a seu ego eram um sinal de fraqueza, não de força. Cutucar o Deus-homem parecia tornar seus inimigos mais fracos e ele mais forte. O tiro sempre saía pela culatra. Chamar Jesus de fracote ou desafiá-lo talvez o tenha levado a cerrar o punho ou apertar os dentes ou ainda a pensar em como cuidaria do tentador mais tarde, mas ele nunca honrava aquela atitude com uma reação. Ele não revidaria. Teria sido desperdício de influência e energia aqui na terra. Esse não era o legado que ele queria deixar para as pessoas de casa. Em vez disso, optou por preservar as forças competitivas para onde elas realmente eram importantes.

> ***Sonhando***
> *"Jesus optou por preservar as forças competitivas para onde elas realmente eram importantes."*

- *Não ao orgulho.*

> "Mestre, conhecemos a sua integridade, sabemos que o senhor não se importa com a opinião popular, não explora seus discípulos e ensina o caminho de Deus com muito zelo".
>
> Marcos 12.14, MSG

A terra era uma viagem de negócios com algumas reuniões importantes, muito treinamento da equipe principal e uma importante aquisição de propriedades da concorrência. Ele tinha uma indiferença santa às críticas e à bajulação. Ele fora enviado pelo Chefe e não dava muita importância à agenda dos outros se ela comprometesse aquela que realmente importava quando voltasse à sala da diretoria em seu lar. Ele não cultivou amor pelo terminal do aeroporto. Ele se concentrou nos contatos que queria fazer e ignorou os enfeites secundários.

• *Não a uma mudança no itinerário.*

"'Diga-nos com toda a honestidade: é correto pagar impostos a César?' Jesus percebeu de imediato a malandragem e disse: 'Qual a razão desse joguinho? Por que tentam me pegar com essas armadilhas? Vocês têm uma moeda? Deixem-me vê-la'. Eles lhe entregaram uma moeda. 'Quem é este que aparece na moeda? Que nome está gravado nela?'. 'Cesar', disseram. Jesus concluiu: 'Deem a César o que lhe pertence e deem a Deus o que lhe é devido'. Eles ficaram de boca aberta, sem saber o que responder".

Marcos 12.14-17, MSG

Muitos não queriam que o Deus-homem chegasse a seu portão para embarcar no voo de volta para casa. Jesus sempre mostrou a esses homens a quem pertencia a fotografia em seu passaporte, lembrando-lhes de quem era o carimbo que validava o lugar para onde estava prestes a ir.

• *Não às preocupações físicas.*

"Indo um pouco adiante, prostrou-se no chão, orando: 'Meu Pai, se há algum meio, livra-me! Afasta este cálice de mim. Mas, por favor, não seja o que eu quero, mas sim o que tu queres' [...] De novo orou: 'Pai, se não há outro jeito a não ser beber este cálice até o fim, estou pronto. Seja feita a tua vontade'."

Mateus 26.39,42, MSG

A escala terrena de Jesus não transcorreu sem momentos em que se sentiu desconectado, o maior estranho do mundo. O isolamento o atingiu, infectou seu espírito e provocou febre e náusea — especialmente antes do voo final para casa. Ele sabia que iria sofrer terrivelmente, mas fez o *check in* mesmo assim. Ele pegaria aquele voo, mesmo que isso significasse a maior dor física imaginável durante todo o trajeto. Ele acreditava — ele tinha esperança — que o sacrifício valeria a pena. Ele analisou, fez as pazes com a realidade da dor e optou por embarcar mesmo assim. Nada o impediria.

Imitatio Christi

Dizer "não" representava não um ato de autolimitação, mas uma esperança que ataca, envolvendo autonegação e escolhas difíceis. Essas escolhas estavam focadas no destino final de Jesus, não na escala. Ele só estava de passagem. Por meio do sacrifício pessoal, Jesus chegou ao prêmio maior.

Esse estilo de vida é o sonho de Deus para nós. Cristo disse: "Quem me segue, nunca andará em trevas" (Jo 8.12). Em sua obra clássica, *Imitatio Christi* (*Imitação de Cristo*), Thomas à Kempis — monge do século 14, famoso por suas obras sobre seguir os passos de Jesus — esmiuçou o pensamento da seguinte forma:

> Por estas palavras de Cristo somos aconselhados a imitar sua vida e seus hábitos, se desejamos ser verdadeiramente iluminados e livres de toda a cegueira do coração. Que seu principal esforço, portanto, seja estudar a vida de Jesus Cristo [...]. Essa é a maior sabedoria: buscar o reino do céu por meio do desprezo pelo mundo. É vaidade, portanto, buscar e confiar nas riquezas que perecem. É vaidade também cortejar a honra e inflar-se de orgulho. É vaidade seguir os desejos do corpo e desejar coisas pelas quais a punição severa deverá vir mais tarde. É vaidade desejar uma vida longa e importar-se pouco com uma vida bem vivida. É vaidade preocupar-se apenas com o presente e não fazer provisões para as coisas do porvir. É vaidade amar o que passa rapidamente e não olhar adiante, para onde habita a alegria eterna.[1]

Uma vaidade é vazia, inútil e oca. Em outras palavras, a vida ineficaz é aquela que investe na escala, e não no destino final. A sabedoria e o valor para Jesus era olhar adiante, "para onde habita a alegria eterna", e tomar decisões que refletissem o horizonte derradeiro. O restante, no final, era vaidade, porque não levava ao lar.

Para cumprir sua missão na terra, Jesus precisou ter desprezo pela oposição, além de um poderoso conhecimento de que o mundo era um adversário de sua identidade e missão. Nosso elo com a missão dele foi selado em sua própria oração por nós para que nossa plena missão se realizasse e o sonho de Deus se tornasse realidade: "Dei-lhes a tua palavra, e o mundo os odiou, pois eles não são do mundo, como eu também não sou. Não rogo que os tires do mundo, mas que os protejas do Maligno. Eles não são do mundo, como eu também não sou. [...] Assim como me enviaste ao mundo, eu os enviei ao mundo" (Jo 17.14-16,18).

> ***Sonhando***
> *"Essa é a maior sabedoria: buscar o reino do céu por meio do desprezo pelo mundo."*

Jesus sabia que nosso tempo de espera na escala seria maior que o dele, mas sua atitude teria continuidade dentro de seus homens. Ele sabia que os homens de Deus seriam nativos — plantados taticamente em cada canto do mundo para cumprir os propósitos do reino de Deus. Ele sabia que os homens de Deus seriam peregrinos com a mesma mentalidade de seu Irmão-Rei, desprezados pela cultura, mas fortalecidos por suas palavras e ações. Ele acreditava na esperança de que seríamos como ele — no mundo, mas não pertencentes a ele — transformados por um DNA espiritual diferente. Participaríamos em relacionamentos, mas seríamos separados, guiados por leis mais elevadas. Por todos os séculos, assimilaríamos e respeitaríamos os governos da terra, mas não nos alinharíamos com as trevas.

Do mesmo modo, existe um forte incentivo nos ensinamentos dos apóstolos sobre como refletir a mensagem de Jesus, que disse: "Não tirados do mundo, mas não pertencentes ao mundo". Paulo diz: "Não se amoldem ao padrão deste mundo" (Rm 12.2), mas também diz: "Tornei-me tudo para com todos" (1Co 9.22). É um dos equilíbrios mais difíceis da vida cristã. Contudo, ao nos esforçarmos para alcançá-lo, nos tornamos como Jesus, estrangeiros e exilados, mas conectados e nativos pelos propósitos de Deus.

O sonho de Deus para nós é que nos movamos de maneira livre e confiante nessa tensão.

> Todos estes viveram pela fé, e morreram sem receber o que tinha sido prometido; viram-no de longe e de longe o saudaram, reconhecendo que eram estrangeiros e peregrinos na terra. Os que assim falam mostram que estão buscando uma pátria. Se estivessem pensando naquela de onde saíram, teriam oportunidade de voltar. Em vez disso, esperavam eles uma pátria melhor, isto é, a pátria celestial. Por essa razão Deus não se envergonha de ser chamado o Deus deles, e lhes preparou uma cidade.
>
> Hebreus 11.13-16

Imitatio Christi! Imitatio Christi!

15

Chegou a hora

Os cavaleiros que participam de uma corrida não param logo depois de alcançar o objetivo. Existe um pequeno galope antes da parada total. Há um tempo para ouvir a doce voz dos amigos e para dizer a si mesmo "missão cumprida".
OLIVER WENDELL HOLMES JR.

Meu pai não teve um bom começo, mas terminou bem.

O velho Luck foi um garoto mirrado que cresceu na Carolina do Norte nos anos 1920 e 1930. Teve pneumonia duas vezes e precisou reaprender a andar após ter ficado na cama por longos períodos de tempo. Durante a Grande Depressão, era difícil encontrar bons serviços médicos. Quando ficava forte o suficiente, voltava para a escola, o que era quase tão perigoso quanto a pneumonia. Pequeno, frágil e socialmente esquisito, era muito atormentado. Décadas depois, ele me disse que se escondia durante o recreio para evitar os valentões e, então, corria de volta para a classe na segunda badalada do sino. Ele nunca havia falado assim antes; tudo isso era novidade para mim. Mas essas revelações me ajudaram a entender o homem, seus relacionamentos, suas batalhas e sua jornada com Deus. Essa foi uma das primeiras conversas reais que tive com meu pai. Eu tinha 39 anos e ele estava com 81, hospitalizado para realizar uma cirurgia de ponte de safena. Nós dois havíamos esperado muito tempo por aquilo. Ele viveu quase um ano após a cirurgia, mas nunca mais foi o mesmo. Sua hora estava chegando.

Recebi a ligação cerca de um mês antes de meu pai morrer. Voei várias vezes para visitá-lo na clínica em que estava internado. Ele me fez um relato de toda a sua jornada de vida. Mais e mais revelações. Conversas cada vez melhores. Amores do colegial. Alistamento na Marinha depois de Pearl Harbor. Trabalho num submarino na Escócia. Aprovação no programa universitário V-12, da Marinha, na Universidade Harvard, depois na Universidade da Virginia e, finalmente, na Universidade da Pensilvânia. Posições de chefia na área de suprimentos a bordo do *General Mann* e tarefas em terra nas bases navais de Norfolk, Bayonne e Port Magu. Esses eram anos dos quais eu não sabia muita coisa, e os que mais me fascinavam. Foram os anos de glória dele a partir da perspectiva da carreira — seus melhores dias de seus melhores anos. Embora tenha desfrutado de sua família militar e chegado ao posto de primeiro-tenente, o relacionamento dele com minha mãe, irmãs, irmãos e eu estava repleto de tristeza. Os melhores momentos caminhavam paralelamente aos piores. As muitas transferências, a incapacidade de se conectar emocionalmente com a família quando estava em casa e os turbulentos anos 1960, com três adolescentes em casa que odiavam fazer parte de uma família militar, levaram a seu sentimento de perda.

> Sua hora estava chegando.

O réquiem final para os dias de glória e pompa, festas no clube de oficiais e a única ordem que meu pai conheceu na vida foi sua aposentadoria em 1967, depois de 26 anos de serviço. Ele agiu de maneira muito parecida com a de muitos profissionais que, ao se apegar tão fortemente à carreira, se esqueceram de viver. Sair da vida militar em tempo integral para a vida familiar em tempo integral foi caótico e aterrorizante para esse homem acostumado a dar ordens e cujo pai o havia deixado sozinho para conduzir o bastão após morrer de coma alcoólico. Se você é filho de militar como eu, então deve saber do que estou falando. É como um jogador de futebol profissional que tem uma contusão depois de alguns anos sem problemas. Ele achava que jogaria por mais tempo, mas agora é forçado a abandonar o único propósito que conheceu. Essa é uma das transições mais difíceis que se pode imaginar. Muitos entram em depressão e se desintegram.

Foi exatamente o que aconteceu com meu pai. Ele conseguiu um emprego no setor privado como engenheiro de logística num fornecedor de suprimentos militares, trabalhando com os programas dos submarinos nucleares Trident e Poseidon. Nunca sabíamos aonde ele ia ou quando voltava. Ele tentava fazer nossa família funcionar, mas ter de encarar esposa e sete filhos era duro demais. Depois de tanta ordem e um lugar para fugir quando as coisas em casa não estavam boas, aquele sentimento perdido era horrível. Sua falta de habilidade conjugal e paternal amplificou essas sensações. A Marinha lhe ensinara como ser um bom marinheiro e oficial, mas as regras que controlavam sua carreira não funcionavam numa família grande. Ele tentava conduzir nossa casa como um navio.

Para nossa família, a década de 1970 foi um estupor de trabalho, álcool e mal-estar. Ninguém se conectava, interagia, abraçava ou se comunicava. Cada um de nós encontrou alternativas à medida que meu pai se afastava na direção de uma rotina particular, levantando às 4h30, bebendo antes do trabalho, trabalhando até às 16h, jantando, assistindo ao noticiário e indo para a cama. Sua vida era semelhante ao filme *Feitiço do tempo*,[1] revivendo o mesmo dia repetidamente. Contudo, em vez de progredir, ele ficava mais amargurado e deprimido, buscando remédio no álcool. Em 1984, a família decidiu que era hora de uma intervenção. Papai foi para um programa de reabilitação, foi dispensado e, três meses depois, teve uma recaída. Foi readmitido e seu chefe lhe deu um ultimato. Dessa vez ele permaneceu, e suas reuniões dos Alcoólicos Anônimos tomaram o lugar da rotina.

Pela primeira vez na vida, meu pai havia encontrado uma comunidade de pessoas que falavam sobre o que estavam passando. Para um homem da Marinha com problemas emocionais, aquilo era um verdadeiro milagre. A melhor parte dessa segunda temporada de reabilitação foi que meu pai começou a explorar disciplinas espirituais ligadas a sua recuperação e lançou os fundamentos para uma interessante conversa ocorrida durante as festas natalinas no meu segundo ano na Universidade da Califórnia. Aconteceu de eu ter um folheto no bolso chamado "As quatro leis espirituais" quando toquei no tema da sua reabilitação. Eu tinha 23 anos e ele estava com 65. A conversa progrediu, saindo de uma discussão sobre um poder maior que poderia "nos restaurar à sanidade" e chegando a uma passagem bíblica que diz: "Pois há um só Deus e um só mediador entre Deus e os homens: o homem Cristo Jesus, o qual se entregou a si mesmo como resgate por todos" (1Tm 2.5-6). O poder maior tinha um nome: Jesus Cristo. Meu pai orou comigo naquela noite e convidou Cristo a entrar em sua vida como um poder maior. Papai começou o último quarto de sua vida marcando um gol depois de receber um passe perfeito de nosso melhor jogador.

> Sua vida era semelhante ao filme *Feitiço do tempo*, revivendo o mesmo dia repetidamente.

O que aconteceu em seguida? Uma metamorfose. Transformações sutis e profundas, mudanças visíveis naquele careca distante que conhecíamos e detestávamos. Um novo homem aos 65, finalmente aprendendo como se conectar com as pessoas. A nova rotina de um homem que sabia que seu tempo era curto. Nos dezesseis anos que se seguiram, meu pai lutou até o final, fazendo coisas como:

- Colocar meus filhos no colo, sem ficar perturbado ou irritado com eles.
- Voluntariar-se a orar nas reuniões da família, deixando todos com lágrimas nos olhos.
- Preparar-se para quando fôssemos a sua casa, sempre perguntando assim que chegávamos: "Quando vocês vão embora?".
- Escrever cartas pessoais à família pedindo perdão pelos anos perdidos.
- Ter paciência e menos discussões com mamãe — chegando até mesmo a demonstrar uma surpreendente ternura no final.
- Falar regularmente "eu te amo".
- Sorrir muito mais.

Meu pai se tornou de fato um grande homem, uma pessoa agradável para estar perto. Todos gostavam de sair com ele. Ele era uma festa ambulante. Como um menino, feliz por estar conosco, ele perguntava a meus irmãos: "Aonde vocês vão? Posso ir também?". A metamorfose estava acontecendo.

Sepultamos meu pai com honras militares. Veteranos do Batalhão de Engenharia estavam presentes, juntamente com os detalhes do funeral da Marinha, o que foi uma honra solene. Tocaram o sino do navio e fizeram a chamada. A cada badalada do sino sonoro, o nome de cada marinheiro e seu posto era dito e o marinheiro respondia. Em seguida, a badalada do sino e o nome do primeiro-tenente William E. Luck. Silêncio. O sino tocou outra vez e seu nome foi chamado. Na terceira badalada, o capelão da Marinha deu um passo a frente.

"O primeiro-tenente William E. Luck não está presente, senhor. Ele foi transferido para o gabinete do Comandante Supremo."

Os últimos dezesseis anos da vida de meu pai foram um período singular. Ele terminou muito bem e, quando a última badalada sinalizou sua partida para o Comandante Supremo, ninguém pensou nos anos perdidos. Ele teve o que nunca achou possível: vida com Deus. Seu sonho havia se realizado.

E prestei continência a ele.

"Pai, chegou a hora"

Jesus Cristo foi o finalizador consumado. Ele reteve certos aspectos de sua agenda divina, praticando a autodisciplina, guardando informações que seriam compartilhadas apenas no momento certo. Restringiu seu poder até que o final se aproximasse, e então começou a revelar mais sobre seu plano. No evangelho de João, quando se aproxima o momento da crucificação, lemos por cinco vezes que algo ainda não havia acontecido, porque a hora "ainda não chegou" (Cf. Jo 2.4; 7.6,8,30; 8.20). Como administrador eficiente, Jesus estava acumulando suas reservas para um final impressionante que ninguém havia igualado. Ele cuidou de todos os aspectos de sua vida tendo em mente o plano derradeiro de Deus e, no final, olhou para a face do Pai e finalmente disse: "Pai, chegou a hora".

> ***Sonhando***
> *O sonho de Deus é que nossa vida seja guiada por um destino excepcional.*

A imagem que obtemos de Jesus é o movimento rumo a seu destino derradeiro. Todo homem quer terminar bem, mas poucos conseguem — incluindo os líderes cristãos. Contudo, o sonho de Deus é que nossa vida seja guiada por um destino excepcional, espelhando a vida de Cristo, o finalizador nato.

Ao término da vida, Jesus foi como um soldado prestes a travar a batalha épica final. Ele refletiu sobre o que havia realizado, e estava ansioso para terminar bem. Leia aqui a maneira como o evangelho de João descreve suas últimas horas.

Jesus andou de modo significativo com Deus até o final

> "Pai, chegou a hora. Glorifica o teu Filho, para que o teu Filho te glorifique".
>
> João 17.1

Tudo o que ele fizera anteriormente foi aglutinado nesse ato final. Ele fez tudo por seu pai: cada sacrifício, cada oração, cada cura, cada mensagem, cada interação. Sua vida fez sentido pleno nesse contexto — foi o relato final de uma vida bem vivida para Deus. É assim que todos nós podemos terminar quando temos uma parceria significativa com o Espírito Santo. Acima de tudo, podemos glorificar a Deus pela maneira como terminamos.

Jesus usou sua influência específica para os propósitos de Deus

> "Pois lhe deste [a Jesus] autoridade sobre toda a humanidade, para que conceda a vida eterna a todos os que lhe deste. Esta é a vida eterna: que te conheçam, o único Deus verdadeiro, e a Jesus Cristo, a quem enviaste".
>
> João 17.2-3

Jesus recebeu autoridade para influenciar pessoas para a eternidade num contexto histórico, geográfico e étnico específico. Para administrar fielmente essa autoridade dada por Deus, ele usou sua influência para constantemente honrar ao Pai com sua vida de serviço. Não é uma vida de contribuições compartimentalizadas. É um estilo de vida completo. Terminar bem exige um foco unificado — uma constância firme e disciplinada de compromisso que permite que Deus o use onde quer que você esteja.

Jesus esteve "em missão"

> "Eu te glorifiquei na terra, completando a obra que me deste para fazer".
>
> João 17.4

Quando você está "em missão", você não está em casa. A terra é uma viagem de acampamento estendida — um lugar que você está visitando por um tempo durante o qual vai se envolver e, depois, partir. Ninguém compra um monte de coisas e se estabelece num acampamento. Não, você se contenta com o que tem e se concentra na razão de estar ali — explorar, descobrir, criar, aventurar-se. Jesus tinha o mesmo foco, fazendo aquelas coisas que podia antes de partir. Na terra, ele podia trazer glória a Deus por meio de suas ações. No céu, sua oportunidade de trabalhar para o Pai na terra estaria encerrada. Jesus não estava preocupado com conforto, poder, riqueza ou diversão.

Você termina bem ao lutar para trazer glória a Deus em tudo o que é, possui e faz e por completar a tarefa que ele lhe deu por meio de suas habilidades, paixões, personalidade e experiências particulares.

Jesus ansiou ver o sorriso de seu Pai

> "E agora, Pai, glorifica-me junto a ti, com a glória que eu tinha contigo antes que o mundo existisse".
>
> João 17.5

Concluir bem um trabalho distingue um homem e deixa uma impressão duradoura. Jesus impressionou seu Pai. Ele derrotou o pecado e garantiu a salvação para todos os homens. Seu relacionamento com o Pai voltaria a assumir aquele velho ritmo familiar, livre da gravidade da terra. Jesus não tinha nada a provar a ninguém, o que lhe permitiu terminar bem nos dias e nos momentos que se seguiram a essas palavras. Ele não precisou defender sua causa perante os críticos nem explicar seu reino. Agora era a hora de fazer a transação na cruz, esmagar o poder da morte e voltar para casa. Ele deixaria tudo no campo e desfrutaria da alegria do passado.

Jesus treinou outras pessoas para levar adiante os propósitos de Deus

> "Eu revelei teu nome àqueles que do mundo me deste. Eles eram teus; tu os deste a mim, e eles têm obedecido à tua palavra. Agora eles sabem que tudo o que me deste vem de ti. Pois eu lhes transmiti as palavras que me deste, e eles as aceitaram. Eles reconheceram de fato que vim de ti e creram que me enviaste. [...] Minha oração não é apenas por eles. Rogo também por aqueles que crerão em mim, por meio da mensagem deles".
>
> João 17.6-8,20

Um Pai envia seu Filho. Seu Filho vem à terra e treina mais filhos. E, até o dia de hoje, a reação em cadeia espiritual não morreu. Nosso propósito é alcançar e treinar outros homens a viver para Deus e a cumprir seus propósitos. O método de Jesus com os homens era selecioná-los, consagrá-los e passar a eles seus *insights*. Ele demonstrou, delegou e supervisionou. E ele reproduziu seu reino através deles. Foi uma interação recíproca.

Terminar bem

Terminar bem e cumprir o sonho definitivo de Deus para sua vida significa ter a mesma disciplina de Jesus durante o período que você vai passar no acampamento da terra. Jim Rohn comenta sobre o valor da disciplina e de terminar bem quando diz: "A disciplina pesa quilos, enquanto que o arrependimento pesa toneladas". Pense nisso. A disciplina em seu compromisso de ser um homem de Deus e de colocar em prática o sonho de Deus de que sejamos semelhantes a Cristo superará em muito a dor de chegar arrependido ao final. O apóstolo Paulo começou errado mas terminou certo, dizendo no final: "Combati o bom combate, terminei a corrida, guardei a fé" (2Tm 4.7). O rei Saul, no Antigo Testamento, começou certo e terminou errado, dizendo no final: "Tenho agido como um tolo e cometi um grande erro" (1Sm 26.21). E os coraítas declaram em Salmos: "Este Deus é o nosso Deus para todo o sempre; ele será o nosso guia até o fim" (Sl 48.14).

> A disciplina em seu compromisso de ser um homem de Deus e de colocar em prática o sonho de Deus de que sejamos semelhantes a Cristo superará em muito a dor de chegar arrependido ao final.

Barreiras e impulsos

Se permanecer disciplinado é fundamental para cumprir o sonho definitivo de Deus para nós, então devemos olhar para as barreiras e estudar de que maneira os grandes líderes as superaram para terminar bem. O finalizador é raro. Mesmo na Bíblia, é possível eliminar dois terços de todos os líderes por conta da maneira como terminaram. Apenas um terço foi capaz de evitar as armadilhas que derrubaram homens por séculos. Em minhas interações com líderes, percebo a existência de denominadores comuns que os fazem cair antes de alcançar a linha de chegada:

- Falha moral provocada por falta de autenticidade e de responsabilidade.
- Preocupações financeiras que impediram a aceitação de sua missão.
- Lutas por posição ou poder relacionadas a um título dentro de uma hierarquia.
- Atrofia espiritual quando as disciplinas devocionais básicas diminuíram.
- Estagnação intelectual — eles simplesmente pararam de aprender.

Esses poços de areia movediça são evitáveis se o amor por Cristo e a busca pelo sonho de Deus continuarem sendo o foco mais importante. Cada um deles está baseado em orgulho, fazendo com que os homens não se disponham a se submeter plenamente ao plano de Deus, seja na adoração, na comunhão com prestação de contas, na disciplina espiritual ou no aprendizado para a mudança.

Aqueles que terminam bem possuem:

- *Uma missão pessoal.* Eles aprendem sobre as prioridades de Deus no mundo e ansiosamente alinham suas habilidades e talentos com elas até o final.
- *Disciplina espiritual consistente.* Eles têm um compromisso firme (não apenas exterior) de orar, estudar, adorar, ter comunhão, prestar contas, servir e compartilhar as boas novas.
- *Um espírito disposto a aprender.* Eles tomam notas, ouvem e integram diariamente novas verdades vindas de múltiplas fontes.
- *Uma urgência treinada na eternidade.* Eles gerenciam bem o tempo, ensinados por Deus a contarem seus dias.

- *Uma busca ativa por mais do céu e menos da terra.* Eles não precisam provar nada a ninguém. Eles têm uma plateia de uma única pessoa. Deixaram de se importar com o que as pessoas pensam.

Ele morreu subindo

Há um epitáfio para um guia de escalada suíço que foi erguido na base da montanha que requereu sua vida. Diz: "Ele morreu subindo".

Esse deveria ser nosso objetivo como homens de Deus a cada dia, conforme nos distanciamos de nosso acampamento na terra e seguimos na direção do lar — morrer subindo rumo ao chamado de Deus a que nos tornemos como Cristo. Paulo tinha essa mentalidade quando escreveu, numa cela de prisão, a respeito dessa escalada:

> "Não que eu já tenha obtido tudo isso ou tenha sido aperfeiçoado, mas prossigo para alcançá-lo, pois para isso também fui alcançado por Cristo Jesus. Irmãos, não penso que eu mesmo já o tenha alcançado, mas uma coisa faço: esquecendo-me das coisas que ficaram para trás e avançando para as que estão adiante, prossigo para o alvo, a fim de ganhar *o prêmio do chamado celestial* de Deus em Cristo Jesus".
>
> Filipenses 3.12-14, grifos do autor

O alvo de Paulo era Cristo. Ele estava numa situação de vida ou morte. Preso por causa de Cristo, Paulo segura o braço de Jesus e, juntos, eles sobem mais alto. Você está nos braços de Jesus hoje?

O passado de Paulo está liquidado. Ele não pode se livrar do arrependimento, mas pode, por meio de Cristo, eliminar o poder que aquilo tem sobre sua busca. Você já liquidou seu passado?

Paulo está morrendo para si à medida que sobe, mantendo os olhos no prêmio. Diante disso, a pergunta é: você está ganhando mais do céu ao perder a terra? Seu coração está tão voltado para o céu a ponto de o céu ser a única coisa que você vê? "Todos nós que alcançamos a maturidade devemos ver as coisas dessa forma" (Fp 3.15). Não seja complacente; há novas alturas a serem escaladas.

> "Esquecendo-me das coisas que ficaram para trás e avançando para as que estão adiante, prossigo para o alvo..."

O sonho de Deus é vê-lo alcançar aquele pico.

Notas

Capítulo 1

[1] Jogo de palavras entre *The Big C* ("o grande C"), série televisiva norte-americana cuja protagonista é uma professora que descobre estar com câncer, e "OC", abreviação de Orange County, notório bairro de Los Angeles. (N. do T.)

[2] Velocidade considerada ideal em termos de distância, aceleração e economia de combustível sob condições normais de um percurso. (N. do T.)

[3] *Thoughts from the Diaries of a Desperate Man*, p. 229.

Capítulo 3

[1] EUA, 2006, *Touchstone Pictures*. (N. do T.).

[2] Você pode obter mais informações sobre a igreja perseguida no site da organização Portas Abertas, <www.portasabertas.org.br>.

[3] EUA, 1972, *Paramount Pictures*, direção de Francis F. Coppola. (N. do T.)

Capítulo 5

[1] P. 67.

Capítulo 6

[1] Nome de uma franquia norte-americana de brinquedos com temática militar, conhecida no Brasil como "Comandos em Ação",

posteriormente adaptada para as histórias em quadrinhos, desenhos animados e um longa-metragem. (N. do T.)

[2] Este é um resumo da história apresentada em <wikipedia.org/wiki/John_McCain>.

Capítulo 9

[1] Paul Carano, *The Complete History of Guam*, p. 271-272.

Capítulo 10

[1] Referência ao princípio de aperfeiçoamento empresarial conhecido como Lei de Pareto, ou princípio 80/20, que afirma existir um forte desequilíbrio entre esforços e resultados, no qual 80% das consequências provêm de 20% das causas. O princípio defende a concentração de esforços para atingir maiores resultados — contrariando, do ponto de vista do autor, a ideia de dedicação integral a Deus. (N. do T.)

Capítulo 11

[1] John Forbes, "I Hope My Journey with AIDS Touches Your Heart", *Purpose Driven* (2006), <www.purposedriven.com/en-US/HIVAIDSCommunity/RecommendedReading/I_hope_my_journey_with_AIDS_touches_your+heart.htm>. Usado com permissão do autor.

[2] Você pode saber mais sobre John Forbes e seu ministério acessando <www.agapeincintl.org>.

Capítulo 14

[1] P. 1-2.

Capítulo 15

[1] Dirigido por Harold Hamis, *Feitiço do tempo* (*Groundhog Day*, 1993) é um longa-metragem norte-americano que conta a história de um repórter infeliz que há anos cobre o mesmo evento numa cidade interiorana. (N. do T.)

Bibliografia

CARANO, Paul. *The Complete History of Guam.* Rutland: Charles E. Tuttle, 1964.

CHESTERTON. G. K. *Ortodoxia.* São Paulo: Mundo Cristão, 2007.

HENRICHSEN, Walt. *Thoughts from the Diaries of a Desperate Man: A Daily Devotional.* El Cajon: Leadership Foundation, 1999.

HESCHEL, Abraham J. *A Passion for Truth.* Woodstock: Jewish Lights Publishing, 1995.

KEMPIS, Thomas à. *The Imitation of Christ.* Nashville: Thomas Nelson, 1999. [Publicado no Brasil como *Imitação de Cristo.* São Paulo: Martin Claret, 2001.]

LUCK, Kenny. *Arrisque.* São Paulo: Mundo Cristão, 2010.

THOENE, Bodie. *Munich Signature.* Grand Rapids: Bethany House Publishers, 1990.

Compartilhe suas impressões de leitura escrevendo para:
opiniao-do-leitor@mundocristao.com.br
Acesse nosso *blog:* www.mundocristao.com.br/blog

Diagramação: Luciana Di Iorio
Gráfica: Imprensa da Fé
Fonte: Adobe Garamond Pro
Papel: Nobrite Cream 66g/m² (miolo)
Cartão 250 g/m² (capa)